中学校数学サポートBOOKS

明治図書

1人1台端末に生きる 中学校数学授業の「問題」

赤本 純基・浅賀 亮史・菅原 大 著

全学年・全単元で実践できる

ICT × 「数学的活動を通した学び」

【正負の数】
魔方陣の謎に迫ろう!

【文字の式】
積み木の本数を求めよう!

【方程式】
自分の間違えやすいところは?

【比例・反比例】
ランドルト環をつくろう!

【平面図形】
移動して重なる三角形はどこ?

【空間図形】
身の回りにもあるのかな?

【データの分布】
60分未満の待ち時間ですむのは何時台?

【統計的確率】
表と裏が出ることはどちらが起こりやすい?

【式の計算】
連続する偶数の和は□になる?

【連立方程式】
それぞれの定価はいくら?

【一次関数】
どんなグラフになる?

【平行と合同】
凹四角形の角の大きさを求めよう!

【三角形と四角形】
BE=CDといえる?

【データの比較】
得点力が高いのはどの国?

【確率】
さいころはどの目が出やすい?

【多項式】
速算方法はどんな仕組みになっている?

【平方根】
平方根の大小を比べるにはどうすればいい?

【二次方程式】
よりよい解き方を見つけよう!

【関数 $y=ax^2$】
ブランコのひもは,どのように求めたらいい?

【相似な図形】
複合図に潜む相似な三角形を見つけよう!

【円】
どの部分が変わる,変わらない?

【三平方の定理】
地図上で富士山が見える範囲はどうなる?

【標本調査】
母集団の傾向は推測しやすくなる?

ほか

JN032806

はじめに

　１人１台端末が導入されて，約２年が経とうとしています。ところが依然として，

「どんな場面で，どのように活用すると効果的なのかわからない」
「日々の授業で活用できない」

といった声が聞こえてきます。

　端末が常に生徒の手元にあり，生徒は文房具のように端末を使えるようになりましたが，残念ながらまだまだ多くの学校現場では，有効に活用できていないというのが実態のようです。

　そこで本書の作成に当たり，筆者３人は中学校学習指導要領（平成29年告示）に示される数学科の目標の達成を目指して，

　　　「端末（ICT）は生徒の資質・能力を育成するために活用する」

という考えを確認しました。

　数学的に考える資質・能力を育成するためには，数学的活動の一層の充実が求められています。数学的活動とは，「事象を数理的に捉え，数学の問題を見いだし，問題を自立的，協働的に解決する過程を遂行すること」です。本書では，数学的活動を充実させるために「問題解決的な学習」を日常の授業の基本と押さえ，端末（ICT）を活用することで，より豊かな数学的活動が行われることを目指しています。

　本書は２つの章から構成されており，上記の背景を基にして１人１台端末（ICT）を日常の授業づくりで活用していただけるようになっています。第１章は，文部科学省（2020）「教育の情報化に関する手引（追補版）」で示されている，五つの場面におけるICTの効果的な活用例を参考にしています。

①観察や操作，実験などを通して，問題を見いだす場面
②問題を解決するために必要なデータを収集する場面
③数，式，図，表，グラフなどを作成して処理する場面
④問題解決の過程を振り返り，評価・改善する場面
⑤遠隔地との意見交流をする場面

　第1章では，これらの場面ごとに授業において端末（ICT）を活用する視点とその有効性や，端末（ICT）を効果的に活用するための授業づくりのポイントについて実践事例を用いて解説しています。

　第2章では，1人1台端末に生きる36本の問題解決的な学習における「問題」と実践事例を紹介しています。こちらは，現課程の中学校1年から3年までの全単元を網羅しており，1単元1本以上の事例を紹介しています。第1章の五つの場面と第2章の実践事例を紐付けながら，これらの全ての事例で提示する「問題」を配置し，その解決過程において端末（ICT）をどの場面で，どのタイミングで活用すべきかについてまとめています。

　端末（ICT）を活用することを通して，多くの生徒の資質・能力がよりよく育成されることに寄与できれば幸いです。

2023年1月

赤本　純基
浅賀　亮史
菅原　　大

CONTENTS

第2章
1人1台端末に生きる
数学授業の「問題」

1年

2年

3年

第1章

1人1台端末の
効果的な活用方法

端末は何のために活用するのか

皆さんの近くで，次のような声を聴いたことはありませんか。

「学校が1人1台端末環境となったが，端末を活用するとなると，どんな場面で，どのように活用すると効果的なのかわからないので，活用への一歩がなかなか踏み出せない」

「端末を活用する授業の実践例が，教科書に見られるようなテッパン教材に焦点が当たっていない，または，日々の授業で活用できるような実践ではない，といった理由から，真似したくても真似しにくい」

端末が常に生徒の手元にあり，生徒は文房具のように端末を使えるようになりましたが，残念ながらまだまだ多くの学校現場では，有効に活用できていないというのが実態のようです。

そもそも，端末は何のために活用するのでしょうか。

「端末を使うと楽しい空気になるから…」
「端末を活用した授業が推奨されているから…」
「端末を活用すると働き方改革につながるから…」

でしょうか。

確かにそのような一面があるのかもしれませんが，端末を活用することが目的となっているように思います。

本書を作成するにあたり，筆者ら3人の共通した考えは，「端末（ICT）は生徒の資質・能力を育成するために活用する」ということでした。中学校学習指導要領（平成29年告示）において，数学科では教科の目標が次のように示されています。

数学的な見方・考え方を働かせ，数学的活動を通して，数学的に考え
る資質・能力を次のとおり育成することを目指す。
(1)　数量や図形などについての基礎的な概念や原理・法則などを理解す
　　るとともに，事象を数学化したり，数学的に解釈したり，数学的に表
　　現・処理したりする技能を身に付けるようにする。
(2)　数学を活用して事象を論理的に考察する力，数量や図形などの性質
　　を見いだし統合的・発展的に考察する力，数学的な表現を用いて事象
　　を簡潔・明瞭・的確に表現する力を養う。
(3)　数学的活動の楽しさや数学のよさを実感して粘り強く考え，数学を
　　生活や学習に生かそうとする態度，問題解決の過程を振り返って評
　　価・改善しようとする態度を養う。

　この教科の目標達成に向けて，生徒の学びを一層充実させるために，端末
を活用するのです。

端末を活用した「数学的活動を通した学び」の充実

　本書では中学校数学科の教科書に見られる教材に焦点を当て，端末を活用
することにより，どのような数学的活動とそれを通した学びの充実につなげ
られるのかを提案いたします。数学的活動とは，「事象を数理的に捉え，数
学の問題を見いだし，問題を自立的，協働的に解決する過程を遂行するこ
と」です。中学校学習指導要領（平成29年告示）解説　数学編では，「日常
の事象や社会の事象から問題を見いだし解決する活動」「数学の事象から問
題を見いだし解決する活動」「数学的な表現を用いて説明し伝え合う活動」
を重視して，内容に位置付いています。生徒が数学的活動を遂行できるよう
になるためには，事象を数学化すること，解決に向けて構想し見通しを立て
ること，統合的・発展的に考察すること，解決の結果を解釈し様々な事象に

生かすことなど，問題発見・解決の過程で必要となる資質・能力を見定めておく必要があります。これら一連の活動の中で資質・能力を育成，評価するとともに，数学的活動の楽しさや数学のよさを実感できる機会を設けることが大切なポイントです。

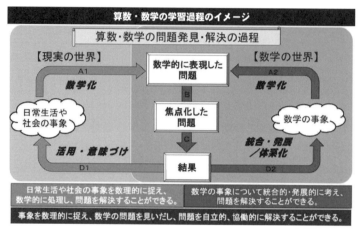

算数・数学の学習過程のイメージ
（出典：中学校学習指導要領（平成29年告示）解説　数学編）

そして，文部科学省（2020）「教育の情報化に関する手引（追補版）」では，数学科の特質を踏まえ，次の五つの場面におけるICTの効果的な活用例が示されています。

①観察や操作，実験などを通して，問題を見いだす場面
②問題を解決するために必要なデータを収集する場面
③数，式，図，表，グラフなどを作成して処理する場面
④問題解決の過程を振り返り，評価・改善する場面
⑤遠隔地との意見交流をする場面

本書では，これらを端末を活用した「数学的活動を通した学び」の場面とし，提案することとしました。

① 「観察や操作，実験などを通して，問題を見いだす場面」での活用

　教育の情報化に関する手引では，ICT を活用する場面の一つとして，「観察や操作，実験などを通して，問題を見いだす場面」が挙げられています。この場面の活用では，「数量や図形に関して新たな性質を発見するためには，観察や操作，実験などの活動によって常に成り立ちそうなことを帰納的に調べること」が大切であると指摘されています。

　本書では，この場面の端末の活用に関わって大きく2つの視点による事例を紹介しています。

　ア　解決すべき問題を見いだすこと
　イ　条件変更などを通して解決すべき新たな問題を見いだすこと

ア　解決すべき問題を見いだすこと【その1】

　授業の導入場面では，観察や操作，実験などの活動を通して，解決すべき問題を見いだし，必要感をもって「やってみたい！」「考えてみたい！」という意欲を高め，解決すべき問題の焦点化を図ることが大切です。

　事例13「2年　式の計算」では，「連続する偶数の和にはどんな関係があるだろうか？」との問いに対し，生徒から「偶数になっている」「2つの偶数の間にある奇数の2倍になっている」という考えが出されます。この場面では，右のように Google スプレッドシートを用いて簡単な計算式を入力し，様々な数値の場合について観察していきます。「いつでもいえそうだ！」という反応が自然と表出し，文字を使うことの必要性が高まっていきます。

連続する偶数の和　☆　📁　⊙
ファイル　編集　表示　挿入　表示形式　データ　ツール

C7　fx　=A7+B7

	A	B	C	D
1	-10	-8	-18	
2	-8	-6	-14	
3	-6	-4	-10	
4	-4	-2	-6	
5	-2	0	-2	
6	0	2	2	
7	2	4	6	
8	4	6	10	
9	6	8	14	
10	8	10	18	
11	10	12	22	
12	12	14	26	
13	14	16	30	
14	16	18	34	
15	18	20	38	

　このように，多数の計算例を短時間で表示して観察できることや，負の数の場合があることにも気付くことができるため，端末を活用することが効果

的な事例であるといえます。

関連する事例

→17「2年　一次関数」，24「2年　確率」，33「3年　相似な図形」，34「3年　円」など

ア　解決すべき問題を見いだすこと【その2】

　事例32「3年　関数 $y = ax^2$」では，導入場面でNHK動画教材「アクティブ10 マスと！」を扱っています。動画の時間を区切って提示することにより，「かっこよく写真に写るために，ジェットコースターの速さやコースの傾き具合を知りたい」といった登場人物の知りたいことを明らかにしながら，解決すべき問題を焦点化していきます。

　このように，授業の導入場面で生徒が引き込まれるような動画を提示し，解決すべき問題を見いだしていくことができるため，端末を活用することが効果的な事例であるといえます。また，問題に関連する動画を視聴させてイメージ化を図ることも，解決すべき問題を見いだしていくための有効な手立てです。

関連する事例

→22「2年　データの比較」など

イ　条件変更などを通して解決すべき新たな問題を見いだすこと

　授業の冒頭で見いだした問題や課題を解決した場面において，条件を変更するといった視点から考えさせていきます。観察や操作，実験などの活動に繰り返し取り組み，解決すべき新たな問題を見いだす活動は，数学の問題発見・解決のプロセスを循環させていくためにも大切です。

　事例18「2年　平行と合同」では，次の図のように ℓ //m の平行線を板書し，角度が指定された特殊な図を提示しています。様々な補助線による多様な考えを通して，∠x ＝30°＋45° と求めることができることが理解されていきます。

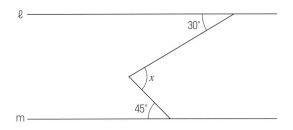

　この場面では，提示した問題の条件を変更し，「平行線と交わる2つの線分の交点Pを動かしても2つの角の和が∠xになるでしょうか？」と問うて，動的数学ソフトウェア GeoGebra を用いて考えさせていきます。点Pを右の方に移動させても成り立つことに気付くとともに，文字を用いて演繹的に考えていく必要性も高まります。

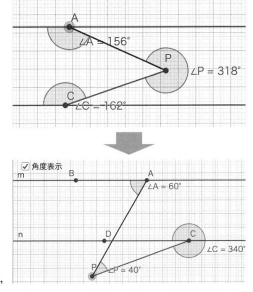

　また，点Pを平行線の外側に移動させる生徒の考えを取り上げ，「角にはどんな関係性があるのかな？」などと，生徒が新たな問題を見いだしていきます（右上の図は GeoGebra「平行線と角　作成者：Geo_Math_Room」https://www.geogebra.org/m/u5s8hfrr より）。

　このように，条件を変更することを通して，観察や操作，実験などの活動に繰り返し取り組み，新たな問題を見いだしていくことができるため，端末を活用することが効果的な事例であるといえます。

関連する事例

→9「1年　空間図形」，15「2年　式の計算」，19「2年　平行と合同」，
　20・21「2年　三角形と四角形」，27「3年　多項式」など

② 「問題を解決するために必要なデータを収集する場面」での活用

　教育の情報化に関する手引では，ICT を活用する場面の一つとして，「問題を解決するために必要なデータを収集する場面」が挙げられています。この場面の活用では，「問題を解決するために必要なデータを収集して分析」したり，「関数電卓等に距離センサを取り付けて動的な事象に対するデータの収集」に利用したり，あるいは「地震の発生時刻とある場所に揺れが到達するまでの時間の関係について調べる」際に利用したりするなど「日常生活や社会に関わる問題解決においても効果的な活用」について例示されています。

　本書では，この場面の端末の活用に関わって大きく３つの視点による事例を紹介しています。

　　ア　データを整理し，分析すること
　　イ　数量の関係について調べること
　　ウ　必要な情報を収集すること

ア　データを整理し，分析すること

　データの活用領域では，自らデータを整理し，そのデータを分析する時間を設定することで，統計的な問題解決の方法（PPDAC）を繰り返し経験し，批判的思考力を高め，自らサイクルを回していくことが大切です。

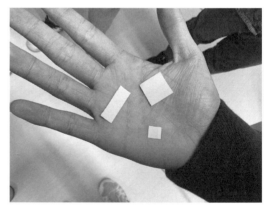

　事例11「１年　データの分布」では，「３年生を送る会で，退場のときに紙ふぶきを降らせる演出を考えています。次のＡ～Ｃのどの紙が適しているでしょうか」という問題を解決していく中で，データを収集する場面では，Google スプレッドシートを用いて整理していきます。このデータを，株式会社正進社の統計グラフ作成

ソフト SGRAPA を用いて目的に応じてヒストグラムや度数折れ線を作成し，分析していきます。このように ICT を用いて効率的にデータを収集し，グラフなどを作成して分析することが可能になるとともに，単元を通して統計的な問題解決のサイクルを繰り返すことができることから，端末を活用することが効果的な事例であるといえます。

関連する事例

→22「2年　データの比較」，23・24「2年　確率」，36「3年　標本調査」　など

イ　数量の関係について調べること

　日常の事象から2つの数量に着目して，実験を通してデータを収集し，関数関係を見いだすことは，関数の授業において大切なことの一つです。

　事例31「3年　関数 $y = ax^2$」では，「世界一のブランコのひもの長さは何mでしょうか？」という問いに対して，ブランコを振り子にモデル化して，実験データを GeoGebra のグラフにとります。グラフ上の点から時間とひもの長さの関係を考える場面では，右の写真のように，2

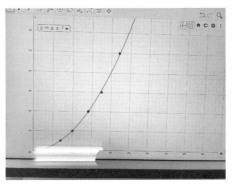

つの数量がどのような関係になるのかグラフから判断させます。グラフ上の点の間隔によって判断に迷いが生じ，「みなす」ことを考える時間となります。

　このような活動を通して，2つの数量の関係について考え，判断する場面をつくりだすことができることから，端末を活用することが効果的な事例であるといえます。

関連する事例

→6「1年　比例・反比例」など

ウ　必要な情報を収集すること

　単元の学習において，導入やまとめの授業では自分の経験や学習したことと結び付けて考えることが大切です。

　事例1「1年　正負の数」では，単元の導入の場面で，身の回りにある負の数と関連付けるために，Googleフォームを用いて，自分が見つけた負の数を用いてアンケートを作成し，自分が見つけた負の数を共有します。自分の見つけたものだけではなく，人が見つけたものも含めて，興

味があるものについて端末を用いて調べる活動を行います。

　このような活動を取り入れ，生徒が発表することで，教師が与えるのではなく，主体的に単元の学習を始めることができることから，端末を活用することが効果的な事例であるといえます。

関連する事例

→9「1年　空間図形」など

③「数，式，図，表，グラフなどを作成して処理する場面」での活用

　教育の情報化に関する手引では，ICTを活用する場面の一つとして，「数，式，図，表，グラフなどを作成して処理する場面」が挙げられています。この場面の活用では，「基本的な計算力や図，表，グラフなどを作成する技能を身に付けること」はもとより，「既習の数学を活用して問題解決する際には，言葉や数，式，図，表，グラフなどを適切に用いて，数量や図形などに関する事実や手続き，思考の過程や判断の根拠などを的確に表現して共有する場面を設定すること」の重要性が指摘されています。

本書では，この場面の端末の活用に関わって大きく３つの視点による事例を紹介しています。

　ア　試行錯誤を通して数量や図形などに関する性質を見いだすこと
　イ　生徒から出された考えを可視化し表現すること
　ウ　表やグラフを作成しその読み取りを通して考察すること

ア　試行錯誤を通して数量や図形などに関する性質を見いだすこと

　問題や課題の解決を進める場面では，生徒は試行錯誤を繰り返しながら，「なるほど」と図形や数量などに関する事実や性質を見いだし，考えることの楽しさを味わわせていくことが大切です。

　事例２「１年　正負の数」では，連続する９つの整数を３×３マスに縦，横，斜めの和が等しくなるように，Google Jamboard を用いた活動に取り組みます。はじめは１～９の自然数を提示し，自由に考えさせていきます。生徒は試行錯誤しながら，徐々に，

　「１～９の和が45，３列で割ると15になる」

　「１と９など小さい数と大きい数のペアをつくると５が余るので，真ん中は５になる！」

などと魔方陣の性質を見いだしていきます。これらの考えを全体で共有した後に，－５～３の整数の場合を考えさせていきます。真ん中の数が－１になることを多くの生徒が見いだし，意欲的に取り組む姿が期待できるでしょう。

　このように，試行錯誤を繰り返し行う場面を設定することや，自分の考えを可視化して他者に伝えることができることから，端末を活用することが効果的な事例であるといえます。

関連する事例

→３「１年　正負の数」，25「３年　多項式」など

イ　生徒から出された考えを可視化し表現すること

　問題や課題の解決を進める個人思考や集団思考の場面では，考えを他者にわかりやすく伝えたり，生徒から見いだされた考えの一般性を確かめたりする活動を通して，学習内容の理解を深めていくことが大切です。

　事例7「1年　比例・反比例」では，$y = x$，$y = 2x$，$y = -2x$，$y = -3x$ の4つのグラフの考察を通して，「比例定数が $a > 0$ のときは右上がりの直線，$a < 0$ のときは右下がりの直線」「a の絶対値が大きくなれば傾きが急になる」などの特徴が見いだされ

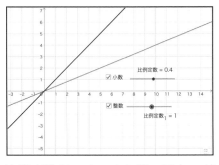

ます。この場面で GeoGebra を用いて比例定数がいろいろな値の場合のグラフ（比例定数が小数の場合も表示することが可能）を考察させていきます（右上の図は GeoGebra「比例のグラフ　作成者：kawata」https://www.geogebra.org/m/akvmwnmx より）。見いだした特徴が成り立つことを確認するだけでなく，「比例定数が0の場合は x 軸と一致する」「比例定数が1より小さいときは傾きが45°より小さくなる」などの新たな特徴が見いだされ，グラフの理解が深まっていきます。

　このように，様々なグラフを瞬時に表示できるよさを活用し，4つのグラフから見いだした特徴の一般性を確認したり，新たな性質を発見したりすることができます。また，他者にその考えをわかりやすく伝えることができることから，端末を活用することが効果的な事例であるといえます。

関連する事例
→3「1年　正負の数」，5「1年　方程式」，8「1年　平面図形」，30「3年　二次方程式」など

ウ　表やグラフを作成しその読み取りを通して考察すること

　データの活用領域では，PPDAC サイクルの過程でデータを収集して表や

グラフを作成し，その読み取りを通してデータを分析したり，問題の結論について考察したりしていきます。

事例23「2年　確率」では，「1つのさいころを投げるとき，1～6の目が出る確率はどれも同じでしょうか？」という問いに対し，「実験して確かめたい！」と多数回の試行の必要性が指摘されます。実験のデー

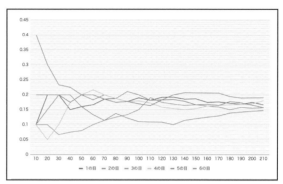

タを Google スプレッドシートに入力すると，上のようなグラフが徐々に表示されるようにしておきます。

　グラフの読み取りを通して「回数を増やせば0.17あたりに収束しそうだ」などの考えが出されます。また，他ペアのデータも閲覧可能であり，「どのグラフも収束している！」という考えを引き出すことができることから，1人1台端末を活用することが効果的な事例であるといえます。このような授業は，事例31「3年　関数 $y = ax^2$」のように関数領域においても実践可能です。

関連する事例
→11「1年　データの分布」，12「1年　統計的確率」，22「2年　データの比較」，31「3年　関数 $y = ax^2$」など

④「問題解決の過程を振り返り，評価・改善する場面」での活用

　教育の情報化に関する手引では，ICT を活用する場面の一つとして，「問題解決の過程を振り返り，評価・改善する場面」が挙げられています。この場面の活用では，「一つの問題について複数の生徒の解答を大型画面で映して，どのような表現がよいかを考えるなど自分の考えなどを広げたり深めたりする場面を設定すること」や，「1時間の授業の終わりにその授業を振り返って大切だと思ったことや疑問に感じたことなどをタブレット型の学習者

用コンピュータに整理して記録し，一定の内容のまとまりごとに更に振り返ってどのような学習が必要かを考えることなど学びの深まりをつくりだす場面を設定すること」が例示されています。

　本書では，この場面の端末の活用に関わって大きく3つの視点による事例を紹介しています。

　ア　多様な考えを比較検討すること
　イ　授業や小単元の終盤で自己の学びを調整すること
　ウ　「問題の発展的取扱い」による問題づくりをすること

ア　多様な考えを比較検討すること

　授業の話合いの場面では，目標によって多様な考えを比較検討することが大切です。事例33「3年　相似な図形」では，「次の BC∥DE，DF∥AC の図で，相似な三角形の組はどれですか？」という問いかけに対し，グループの意見を端末を活用して集約します。そして，多様な考えを分類整理させていきます。

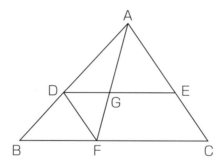

　このように多様な考えを短時間で共有し，比較検討できることで，新たな問いを見いだすことに時間を割くことができるため，端末を活用することが効果的な事例であるといえます。

関連する事例
→3「1年　正負の数」，10「1年　データの分布」，35「3年　三平方の定理」など

イ　授業や小単元の終盤で自己の学びを調整すること

　授業や小単元の主に終盤では，問題解決の過程を振り返り，自己の学びを調整する時間を設定し，自らの学びを評価・改善させることが大切です。

　事例29「3年　平方根」では，右の表のような練習問題に取り組ませて定着を図ります。そして，解答を板書して自己採点に取り組ませた後，「平方根の計算を進める上で，正確に計算するために『気を付ける』『意識する』ポイントを書きましょう」というテーマを設定し，練習問題の結果を振り返ってGoogle フォームに入力させています。

　ここで，教師は Google スプレッドシートで生徒が入力した記述を把握し，具体的な記述ができているものをいくつかピックアップして，生徒にフィードバックしています。

① $\sqrt{3} \times \sqrt{12}$
② $\sqrt{24} \div \sqrt{3}$
③ $\sqrt{5} \times \sqrt{32} \div \sqrt{20}$
(4) $2\sqrt{3} + 5\sqrt{3}$
(5) $\sqrt{50} - \sqrt{18}$
(6) $\sqrt{45} + \sqrt{12} - \sqrt{75}$
(7) $\sqrt{2} + \sqrt{32} - \dfrac{6}{\sqrt{2}}$

　このような活動を単元の中で2，3回程度位置付けることで，一定の内容のまとまりごとに学びを振り返り，どのような学習が自分にとって必要なのかを考えるなど，学びの深まりをつくりだすことができるため，端末を活用することが効果的な事例であるといえます。

関連する事例
→4「1年　文字の式」，23「2年　確率」，34「3年　円」など

ウ　「問題の発展的取扱い」による問題づくりをすること

　一定の内容のまとまりごとの終盤では，授業過程の中で条件変更による発展の文脈を位置付けた上で，どのように発展させてきたのか振り返ったことを基にして，自分なりに発展していけるように促すことが大切です。

　事例16「2年　連立方程式」では，導入問題を解決した後で，割合の概念的理解を深めることを目的として，問題文を作成する活動に取り組ませています。Google スライドの自分の出席番号のシートに問題文を作成させて

います。次時には，作成した問題を４人の学習グループ内で出し合う活動を位置付けています。生徒がつくった問題では，次のように解の吟味が必要な問題や，増減した割合の数値を求める問題文なども見られます。

出席番号２１　名前
問題 あめとチョコレートをそれぞれいくつか買います Ａを３個，Ｂを３個買うと１２００（税抜）円 Ａを４個，Ｂを７個買うと２５００（税抜）円で す。 消費税が８％から１０％に増えた今，それぞれ１０ 個買ったときの税込の値段を求めましょう。

出席番号１３　名前
問題 ３０００円の商品Ａと７０００円の商品Ｂを一つずつ 買う ＡがＸ％増加し，ＢもＹ％増加した時の合計は １２３００円 ＡがＹ％減少し，ＢがＸ％増加した時の合計は １１５００円です。 ＸとＹを求めなさい。

　このような問題づくりに取り組ませたときには，「自作の問題」「解答解説」をセットにして提出させて，それを全体共有することで，オリジナルの問題集とすることもできます。さらに，問題づくりに取り組ませるときには，この事例のように，原問題をつくりかえることがきっかけで副次的に出てくる疑問などを瞬時に共有していくこともできるため，端末を活用することが効果的な事例であるといえます。

関連する事例

→14「２年　式の計算」など

⑤「遠隔地との意見交流をする場面」での活用

　教育の情報化に関する手引では，ICT を活用する場面の一つとして，「遠隔地との意見交流をする場面」が挙げられています。この場面の活用では，「電子メールや掲示板，動画通信などを用いて遠隔地にいる者の間で数学の問題を出し合ったり，解き合ったりして相互に伝え合い，考えを共有するなど数学を楽しむことで数学を学ぶことに対する興味や関心を高める場面」が例示されています。「他校の生徒との交流を通して，仲間だけでは気付くことのできなかった新たなことを見いだしたりする機会が生まれ，多様なものの見方を身に付けることが可能となる」ことが指摘されています。

　また，意見交流をする場面は，遠隔地ではなくても当てはまります。例えば，教室内で近くにいる生徒たちと協働して意見交流するときにも活用する

ことができます。実験を行って結果をまとめたり多様な意見を考えたりすることに時間をかけると，実験結果や多様な意見を共有する時間が確保できなくなることがあります。この場合は，意見の共有にかける時間を効率化することに端末を活用することができるのではないでしょうか。

　本書では，この場面の端末の活用に関わって大きく2つの視点による事例を紹介しています。

　ア　場所，距離にとらわれず意見を交流すること
　イ　時間について効率的に意見を交流すること

ア　場所，距離にとらわれず意見を交流すること

　意見交流をする場合には，多様な意見を共有することで，数学を学ぶことへの意欲を高めることが大切です。

　事例19「2年　平行と合同」では，右の図について「どのようにすれば，∠xを求めることができるのでしょうか？」という問いかけに対し，2つの学校の意見を，Google Jamboard を活用して集

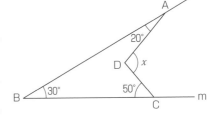

約します。そして，共通する意見を説明させたり，一方の学校にしかない意見をもう一方の学校に聞いたりすることを通して，多様な意見に触れることができます。

　教科経営によりどの生徒も発言しやすい学級風土をつくれるようにしたいところですが，なかなかうまくいかず，数学が得意な生徒ばかりが多く発言するようになってしまうことはないでしょうか。このように，他校の生徒との関わりを通して，自分たちになかった意見を知ることができ，多様な見方を身に付けるきっかけにすることができることから，端末を活用することが効果的な事例であるといえます。

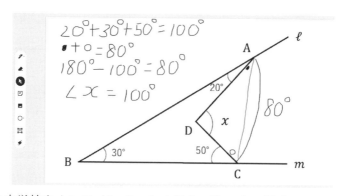

　2つの中学校をオンラインでつなぐ場合，次の点に留意します。

・時間割や時程の調整をする。

・お互いの端末利用状況や学習状況を把握する。

・接続する学校のＴ２，Ｔ３の先生との事前の打ち合わせを綿密にする。

・意見交流を円滑にするために，事前の接続テストを兼ねて自己紹介や関係
　づくりなどをする学活の時間を設定する。

　数学をスタートとしていろいろな教科や行事でつながり，意見を交流する
ことができます。学校の垣根を越えて交流することは，まだまだ課題も多い
のが現状です。今後，開発して発信していきたいと考えています。

イ　時間について効率的に意見を交流すること

　意見を交流する場面では多様な意見を共有する時間を効率的に行い，目的
意識をもって対話が生まれていくことが大切です。

　事例27「３年　多項式」では，１時間目において「34×34の筆算では，斜
めの計算結果が，34×34の答えの十の位の数に関係しているのに，なぜ２桁
の自然数で一の位が５の数の平方では，斜めの計算結果が答えの十の位の数
に関係しないで，一の位同士の積がそのまま下りてくるのかな？」という問
いに対して，次のような記述を①，②，③の順に検討し，共通点を引き出す
ことで，$100a$ が重要なことを見つけています。それぞれの考えを検討する
際の時間を確保し，視覚的に考えを共有するために ICT を活用します。

たして 10
+
くり上げ
+
25 そのまま

$$
\begin{array}{r}
3\ 5 \\
\times\ 3\ 5 \\
\hline
2\ 5 \quad \leftarrow 5\times5 \\
1\ \textcircled{5}\ 0 \quad \leftarrow 5\times30 \\
1\ \textcircled{5}\ 0 \quad \leftarrow 30\times5 \\
9\ 0\ 0 \quad \leftarrow 30\times30 \\
\hline
1\ 2\ 2\ 5 \\
\end{array}
$$

$(9+1+1+1)$

たてのひっさん　　くり上げの分
のたし算

3^2+3 になる（？）

$$
\begin{array}{r}
2\ 5 \\
\times\ 2\ 5 \\
\hline
6\ 2\ 5 \\
\end{array}
$$

2^2+2

10 の位の数

$$
\begin{array}{r}
4\ 5 \\
\times\ 4\ 5 \\
\hline
2\ 0\ 2\ 5 \\
\end{array}
$$

4^2+4

①の記述

$a \times (a+1) + 5^2 \Rightarrow 1225$

$(30\times30) + (5\times5) + (30\times5) + (5\times30)$

$= 900 + 25 + 150 + 150$

$= 900 + 150 + 150 + 25$

$= 900 + (150+150) + 25$ （1 の位の積）

↓　　　　　↓

(10の位の積)【1 の位×10の位】

②の記述

$(10a+5)^2$

$= (10a)^2 + 2\times10a\times5 + 5^2$

$= \underline{100a^2 + 100a} + 25$

下2桁0

$= 100a(a+1) + 25$

③の記述

2時間目の授業においても，生徒の記述内容を端末で共有することで，対話を生み出しています。

　このように，端末で複数の考えを視覚的に共有することで，対話が生まれ，学びを深めていく生徒の姿につなげることができることから，端末を活用することが効果的な事例であるといえます。

関連する事例
→23「2年　確率」，30「3年　二次方程式」，35「3年　三平方の定理」など

（赤本・浅賀・菅原）

第2章

１人１台端末に生きる
数学授業の「問題」

1年

1　身の回りにある正負の数を探そう!

問題

中国地方の山を山口県 No.1 の寂地山からどのように表せますか?

①大山　　　　　　1729m　┐
②烏ヶ山　　　　　1448m　├　鳥取県
③矢筈ヶ山　　　　1358m　┘
④恐羅漢山　　　　1346m　　広島県・島根県
⑤寂地山　　　　　1337m　　山口県・島根県
…
⑬蒜山　　　　　　1202m　　岡山県・鳥取県

（標高のデータは YAMAP を参考に筆者作成）

1人1台端末活用のポイント

　本教材は2時間扱いとし，目標は，「身の回りにある正負の数について調べることを通して，日常生活と関連付けて正負の数の必要性やよさを考えることができる」です。問題を提示して，正の符号・負の符号で表現することは難しいことではありません。しかし，これまでの授業では一つの身の回りの事例に触れて終わってしまい，多くの事例を示すことができていませんでした。学習する必要性を感じさせるためには，多くの事例に触れることが望まれます。そこで，端末を利用して生徒自身が調べ学習をして，その調べたことを共有することで，これから学ぶ正負の数の学習に向けて必要性やよさ

を感じられるようにします。

授業展開例

　中学生になったばかりでどういった学習をするのか不安のある中，本時は負の数やマイナスという言葉が出てきた後の2時間で行います。1時間目はGoogleフォームを用いて身の回りの正負の数を全体で共有し，その後一つに項目を絞り，端末を用いて調べ学習を行います。このとき，端末利用のルールなどを確認することも考えられます。2時間目は，調べた内容を友達に伝えます。また，全体で標高を例として共有し，表し方を確認します。

①宿題の意見を集約し，全体で共有する
【1時間目】

　前時に数の範囲を負の数に広げ，「身の回りにある正負の数を見つける」ことを宿題とします。その宿題の意見を集約するために，右のGoogleフォームに記入させます。その後，意見を共有するために，GoogleスプレッドシートのURLに飛べる二次元コードを提示し，個人の端末から見られるようにします。その意見の中から，生徒が一つの項目を選択し，端末を用いて調べ学習を行います。

　調べる項目については，教師がまとめる項目を示します。今回は，「言葉の意味」「数値の意味」「最も…」「もし，マイナスがなかったら…」「調べてみて」の項目でまとめさせました。生徒の端末利用の様子によりますが，調べたものをスライドにまとめさせることも考えられます。今回は，1時間目が終わったときにノートを提出させ，チェックをしました。

②まとめたものを，全体で共有する

【2時間目】

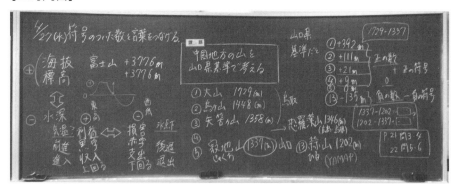

　この授業ではまず，前時に調べたことを4人グループで共有します。それぞれ発表させてからグループを組み替え，発表をさせます。その後，教師は1時間目のノートチェックを基に標高について調べた生徒を取り上げていきます。

T　調べたことを発表できましたね。S1さんは何について調べましたか？

S1　私は，標高について調べました。標高とは，…ということです。

T　なるほど，同じようなものや関連したものを調べた人はいますか？

S2　似ていますが，海抜を調べました。海抜は，…ということです。

S3　私は関連して，水深を調べました。水深は，…ということです。

T　いろいろなことを調べていますね。3つに共通することは何ですか？

S1　どれも基準が海面になっています。

T　最初のS1さんの標高を＋（プラス）と考えると，海抜や水深はどのように表せますか？

S2　海抜は，同じように＋（プラス）だと思います。

S3　水深は，－（マイナス）になると思います。

T　なぜ，そのように考えたのですか？

S3　海抜は上に向かっていきますが，水深は逆に下に進んでいくからです。

T　そうですね。標高を正の数と考えると，水深は負の数になりますね。では，調べた中やそれ以外に，標高と水深のような，＋と－の言葉で表せるものがありますか？

　生徒と上記のようなやり取りをした後，右のようにいくつかの言葉を生徒に発表させ，そのときの基準を確認します。その後，教師が調べてきた問題として，今回の問題を提示しました。2時間目の最初で標高を扱ったため，山の問題を取り上げました。標高以外にも，扱う内容に応じて，問題を変えていくことも考えられます。　　　　　　　　　　　　　　　　　　　　　　　　　　（浅賀）

〈引用・参考文献〉
・YAMAP「日本全国の山情報」https://yamap.com/mountains
・松浦敏之（2020）「身の回りにある『マイナス』について考えよう！」『数学教育2020年9月号』

2　魔方陣の謎に迫ろう!

問題

> 　3×3マスに，縦，横，斜めの和が等しくなるように，−5〜3まで
> の整数を入れましょう。
> （次は解答例）

−2	3	−4
−3	−1	1
2	−5	0

1人1台端末活用のポイント

　本時の目標は，「連続した9つの整数を用いた『魔方陣』をつくる活動を
通して，中央の数にあるきまりを明らかにするとともに，基準を見いだして
課題を解決することができる」です。本時は，1年「正負の数」の加減法が
終わったところで実施します。1人1台端末がなかった頃は，自然数から始
めて負の数を扱うと，1時間の中で解決したことを共有して終わってしまい，

振り返りができずに，何が身に付けているのかが不明確であると感じていました。端末を用いることで，気軽に数字を動かしながら考えられるため，生徒の思考が表出しやすく，振り返る時間も確保できます。

　また，生徒がどこでつまずいているのかを把握し，支援の方法を考えることで次の問題に生かせるようにしていきます。端末を用いて思考を可視化し，共有することで解決につなげていきます。

授業展開例

①自然数で解決する

　問題を提示した後，Google Jamboard で作成した魔方陣を Google Classroom を用いて配付します。そのときに Google Jamboard のシートは複数枚用意し，一つできたらそのシートはとっておき，次のシートに記入するようにします。

　個人で考えた後，グループで解決していきます。個人で苦戦している場合には，端末を見ることで次のようなやり取りをしていきます。

【適当に入れている】

S　これで，できたかな？…いや，斜めが等しくないな。

T　苦戦しているようですね。

S　はい，どこから手をつけたらよいかよくわからず，適当に入れてみています。

T　そうなのですね。でも，全部が適当という感じもしませんよ。1列は，いくつでつくっていますか？

S　15になるようにつくっています。1～9の和が45で，3列で割ると1列は15になると思います。

T　理由があるのですね。1列に入る数が決まってきそうですかね。そうすると，真ん中にはいくつが入るのでしょうか？

S　真ん中の数は決まるのですか？

T　極端に少ない，例えば，1を真ん中にすると他が入らなくなりませんか？

S　確かにそうですね。平均した数がいいのかな…5？

T　その考え方で，進めてみてください。

【ペアをつくっている】

T　どのように考えたのですか？

S　小さい数と大きい数でペアにして考えました。

T　何かわかったことがありますか？

S　5が余るので，5を真ん中にしようかと思います。

T　その後は，どうしたらいいでしょう？

S　いろいろやってみたときに，1と9が斜めにくるとうまくいかない気がします。

T　どういうことですか？

S　1と9が四隅にくると斜めと縦と横を考えるのが大変で，ごちゃごちゃになります。

T　ということは，考えやすいのは，1と9がどこにあるときですか？

S　5の上下か左右にあるときです。

T　その考えですべて埋めることができるか試してみましょう。

　生徒は，付箋の数字が動かしやすいことから，いろいろな置き方を考えます。直感を反映させやすい分，記録に残らないところに難しさがあるので，

スライドの枚数を増やしておいたり，必要なことはノートにメモさせたりするなど配慮する必要があります。

　付箋の数字の置き方を見ることで，生徒のつまずきが可視化され，全体で共有する時間を多く取るべき場面を把握していきます。また，列や真ん中の数を設定するときの理由を考えることで，次の課題へつなげていきます。

②負の整数を含めて解決する

　自然数で解決した後，今学習している新しい数をたずね，「－5～3の整数」の問題を提示します。「1～9の自然数」で解決したことが生かされていない生徒がいたら，もう一度先ほどの魔方陣を振り返るように促します。

　Google Jamboard を用いることで，生徒は簡単に付箋を動かします。思考が画面上に表れやすい分，先ほどの学習が生かされているかを教師が把握し，解決への支援をすることができます。多くの生徒のつまずきを把握して解決への道筋を共有することに生かすこともできます。

　また，内容を理解していく生徒が多くなると，右のような規則性に着目する生徒も出てきます。数の大きさに目を向けて，

魔方陣の謎に迫る時間を楽しむことができます。

（浅賀）

3　身長の平均を工夫して求めよう!

問題

　（バレーボールの試合の様子を映した写真を提示して）これはバレーボールの試合の様子です。奥のチームは桜中学校（仮称）バレーボール部で，手前のチームは東中学校（仮称）バレーボール部です。

　東中学校バレーボール部員6人の身長の平均を求めましょう。

Aさん	Bさん	Cさん	Dさん	Eさん	Fさん
166cm	176cm	170cm	174cm	175cm	165cm

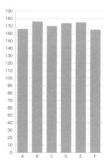

1人1台端末活用のポイント

　本時の目標「平均を能率的に求めるために，基準との差が正負の数になるように設定された数値を基準とした場合の平均の求め方を，言葉や式を用いて説明することができる」の達成に向けて，解決の過程を共有する場面で，大型提示装置を用いて，Apple の Keynote を活用します。グラフにより視覚的に「ならして平均を求めている」ことを確認するアニメーションを含む教材を提示し，生徒の理解を促すことができます。

授業展開例

①解決の過程を共有する

　問題の解決過程で基準を170cm にし，基準との差を（−4）＋（＋6）＋0＋（＋4）＋（＋5）＋（−5）＝6，6÷6＝1で1cmと求め，170＋1＝171で平均171cm という考えを取り上げました。

S1　板書「（−4）＋（＋6）＋0＋（＋4）＋（＋5）＋（−5）＝6　6÷6＝1　170＋1＝171」

T　　S1さんはどのように考えたのかな？

S2　基準を170cm と決めて，基準からの差の平均を1cm と求め，基準の170cm にたすと，身長の平均は171cm になるって考えたのだと思う。

S3　グラフでいうとここに基準の線を引いて，この基準の線からの差の平均を求めて，基準の数値にたした。グラフをならした。

T　　（右のように示しながら）S3さんはこのように考えたといっていますが，ピンとくる人は手をあげてください（生徒8割くらい挙手）。

T　　S3さん，ピンとこないという人に，画面のグラフを使って説明してください。

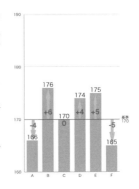

　ここで，Keynote により，基準との差が正負の数となっているときにも，グラフをならして平均を求めていることを生徒とのやり取りを通して確認しました。平成29年度全国学力・学習状況調査においても，「仮の平均を用いた考えを解釈し，示された数値を基準とした場合の平均の求め方を，言葉や式を用いて記述すること」についての課題が明らかになっています（小学校算数B3(2)の正答率26.3%）。

そこで，グラフ，式，言葉などを関連付けて式の中の数の意味を解釈し，説明する場面を設け，グラフにより視覚的に「ならして平均を求めている」ことを確認し，平均についての確かな理解をねらいました。

S3　基準の170cmより上の部分を，170cmより下になっている部分に動かすと，こんな風に171cmにならすことができるってこと。

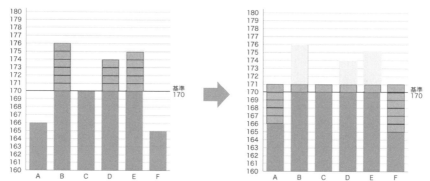

　時間があるなら，授業時間内に Keynote のデータを生徒全員に配信し，ならすことを経験させることも可能ですが，時間が限られているので，代表生徒とのやり取りを大型提示装置に映して全体共有しました。そして，授業終了後にデータを生徒全員に配信し，家庭学習につなげました。

　このように，時間尺に合わせて軽重を付けた指導を選択することが大切であると考えます。

②解決の過程を振り返る

　問題の解決過程を振り返り，

・平均を工夫して求める方法の共通点が「基準を決めてその差の平均と基準をたしていること」
・中学校の学習で新たにできるようになったことが「負の数を使って考えられること」

・負の数を使うよさが「負の数があると，正負の数で打ち消し合って計算が
　簡単になることがあること」

を学級全体で共有しました。そして，次のように式とグラフを横に書き並べ
たものを大型提示装置で共有し，どの考えも共通して基準を決めて，その基
準との差の平均と基準をたしていたことを強調しました。

$$(166+176+170+174+175+165) \div 6 + 0 = 171$$

$$(66+76+70+74+75+65) \div 6 + 100 = 171$$

$$\{(-4)+(+6)+0+(+4)+(+5)+(-5)\} \div 6 + 170 = 171$$

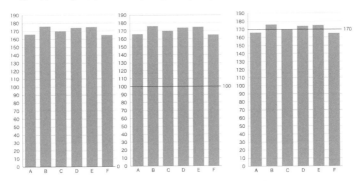

　このように多様な考えに共通していることを確認した上で，次の確認問題
に取り組ませて，計算が簡単にできるようにするために，基準を自分なりに
決めて求める活動を設定しました。

確認問題
　　次の値は，桜中学校バレーボール部員6人の身長です。基準を決めて，
　基準との差の部分に着目して平均を求めなさい。
　　　158cm　　176cm　　153cm　　163cm　　157cm　　147cm

（赤本）

4 積み木の本数を求めよう!

問題

次の写真のように正方形に積み木をつなげて並べます。正方形の個数が次の場合の，積み木の本数を求めましょう。

①10個　②500個

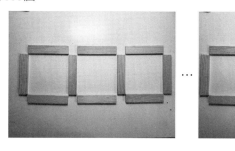

1人1台端末活用のポイント

本時の目標は，「積み木の個数を求める具体数の式を考える活動を通して，文字式で表す必要性と意味を理解することができる」です。本授業では，生徒の多様な意見を引き出しながら，式と図を行き来して考えていきます。多様な意見が出てくる分，生徒がどこまで理解しているのかが把握しづらくなります。そこで，取り上げた式の考え方が，生徒に伝わっているのかを確認します。この授業では，最後に評価問題を設定し，Google Classroom で提出させることで，個別の支援や次の授業につなげていきます。

授業展開例

①式から考え方を読み取り，図に表す

問題を提示し，まず何がわかれば積み木の個数が
わかるかをたずねます。「正方形の数がわかれば，
積み木の個数がわかる」という考え方を共有し，10個の場合について考えさ
せます。個人で考えた後，生徒に式を板書させます。板書させる生徒の式は，
10の固まりをどのように考えているかが明確な式を意図的に選びます。

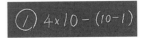

式が板書された後，Google Classroom で Google Jamboard を配付し，
式をどのように考えたのか，図にかき込ませ，説明する場面を設定します。
次の左のスライドのような正しいものを取り上げるのもよいですが，右のス
ライドのように（10－1）が本当に理解できているのかを確認できるスライ
ドを取り上げることも考えられます。

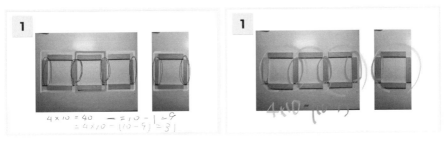

T　右のスライドから，式の説明ができますか？

S　はい，できます。正方形の縦の積み木をたして，1本分をひいているの
　　だと思います。

S　それだとおかしくないですか？

T　どこがおかしいのですか？

S　正方形の縦の積み木は全部で11本あるので，そこから1本分をひいたら，
　　10本になります。

S　重なる部分をひいているので，縦を全部考えると11－2になり，式と違

うと思います。

T　それでは，10－1はどのように考えればよいのですか？

S　正方形の右の積み木を考えると全部で10本あるので，そこから重ならない1本をひけばいいと思います。

S　それなら，左の積み木で考えても同じになるね。

②評価問題に取り組む

　生徒が板書した式がどのように考えているのかを共有した後，500個についての式を考え，文字を導入します。その後，右上のような式を板書し，生徒にGoogle Jamboard の図に考え方を記入させ，Google Classroom で提出させます。

$$2 \times x + 2 \times x - (x - 1)$$

【xと1を別に考える】

　次のスライドは，①のやり取りから，xと1を別々に考えている生徒のものです。10個で解決したことを基にして，文字を読み取っています。

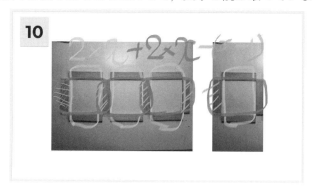

【xと1を固まりで考える】

　次のスライドは，$x + 1$を重なっている部分と考え，ひとまとまりで考えています。10個の場合と文字の場合を行き来しながら考えています。

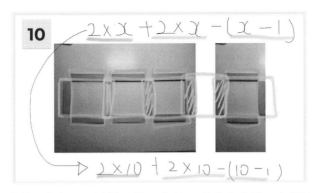

　次のスライドのように，授業で扱った他の考え方を用いた解決方法を考える生徒もいます。また，提出されたスライドの記述が不十分な場合には，コメントを入れて返信することも考えられます。

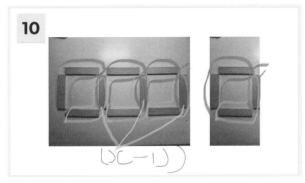

　また，課題提出をその時間の中だけに限らなければ，右の写真のように授業後に教え合う姿につなげることができます。

（浅賀）

〈引用・参考文献〉
・藤原大樹（2018）『「単元を貫く数学的活動」でつくる中学校数学の新授業プラン』明治図書

5　自分の間違えやすいところは?

問題

　次のA〜Dは方程式の解き方を表していますが，解き方が間違っています。どこが間違えているでしょうか。

A
$$2x - 1 = 9$$
$$2x = 9 - 1$$
$$2x = 8$$
$$x = 4$$

B
$$-4x + 7 = 4 + 2x$$
$$-4x - 2x = 4 - 7$$
$$-6x = -3$$
$$x = -3 + 6$$
$$x = 3$$

C
$$0.2 \ (0.3x + 1.2) = 0.6$$
$$2 \ (3x + 12) = 6$$
$$6x + 24 = 6$$
$$6x = 6 + 24$$
$$x = 5$$

D
$$\frac{1}{2}x + 1 = \frac{1}{3}x + 0.6$$
$$3x + 10 = 2x + 6$$
$$3x - 2x = 6 + 10$$
$$x = 16$$

1人1台端末活用のポイント

　本時の目標は，「方程式の解き方の間違いを指摘する活動を通して，既習の一次方程式の解き方を振り返るとともに，自分の解き方で習得している内容を振り返ることができる」です。1年の一次方程式の解き方の指導におい

ては，等式の性質から始まり，移項を学習し，小数や分数，かっこの付いた
方程式を解けるようにしていきます。解き方の手順が増えるにつれて，生徒
自身が「どこの内容でつまずいているのか」「間違いが起こりやすいところ
はどこなのか」を自覚することが大切になります。この授業では，端末を用
いて友達と交流することで，間違えている部分を見つけたり情報を共有した
りして，生徒自身が陥りやすいミスに気付いていくことができます。

授業展開例

①解き方の間違いを訂正する

　授業の導入では，本時の学習内容は方程
式の間違えた解き方から正しい解き方を考
えることであることを伝えます。その後，
端末に Google Jamboard でA～Dの4
問を配信することを伝え，右の板書のよう
に座席に応じて1人1問を担当させます。

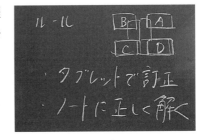

間違いを訂正する際には，Google Jamboard ではどこが間違えているのか
を部分的に書き込み，正しい解き方はノートに書くように指示します。

　個人の思考場面の時間を有効に使わせるために，自分の担当が終わったら，
他の問題も取り組むように促しておきます。また，この場面で悩んでいる生
徒がいるときには，Google Jamboard のスライドをスクロールさせれば，
同じ班の他の生徒の書き込みを見ることができるため，自分以外のスライド
を見て，4問に共通している移項のルールや仕方についての間違いに気付か
せることも考えられます。

②自分の解き方の訂正を班で共有する

　個人で考える時間を取った後，4人グループでA～Dの解き方のどこが間
違えていたのかを伝え合います。このとき，自分で書き加えたスライドを相

手に見せながら説明させます。また，わから
ない解き方や他に間違えているところがない
かも考えるように促しておきます。

S1　Bは，4行目のところで＋6になっていますが，−6xは，−6×x
　　のことなので，−6で両辺を割らないといけません。そこが間違えて
　　いると思います。

$$B$$
$$-4x+7=4+2x$$
$$-4x-2x=4-7$$
$$-6x=-3$$
$$x=-3 \boxed{+6}$$
$$x=3$$

−6×x　　であって　＋6　ではない

S2　僕も同じ考えです。

S1　他に間違えているところはないですか？　大丈夫そうですね。

S3　次は，Cについてです。4行目の右辺のところで＋24を移項してきた
　　のに，符号が変わらずに＋24になっています。−24にならなければい
　　けないと思います。

$$C$$
$$0.2(0.3x+1.2)=0.6$$
$$2(3x+12)=6$$
$$6x+24=6$$
$$6x=6\boxed{+24} \leftarrow$$
$$x=5$$

−24にする

右辺から左辺へ移項しているのに，符号を変えていない

S1　私も同じところが間違っていると思いました。

S4　僕は，もう一つあると思います。1行目から2行目になるときに，左

辺は0.2を10倍してさらにかっこの中まで10倍になっているけれど，右辺は10倍しただけだから，等式の性質が成り立っていないと思います。

C

$$0.2(0.3x + 1.2) = 0.6$$
$$2(3x + 12) = 6$$
$$6x + 24 = 6$$
$$6x = 6 + 24$$
$$x = 5$$

二段目の（0.3x+1.2）の所には小数を直す時に10倍をするけどカッコの中には10倍しない下から…段目のところに6x = 6 + 24の24がマイナスになると思うと「答えが違う

S2 僕も，この解き方だと左辺が100倍で，右辺は10倍になっていると思います。

S1 私は，左辺も10倍していると思っていたけれど，いわれてみると100倍しているようにも見えますね。

S3 確かに。他の班の人の説明も聞いてみたいですね。

この後，グループで出た疑問を全体で共有し，解決していきます。

〈まとめ〉自分がミスしやすいところは？
　私は，小数がからんできたときに，ミスしやすいなと感じました。今日の場合，Dとかは，分数と小数が混じっているから，そういうところもミスしやすいなと思いました。

最後に，自分のミスしやすいところを言葉にして，ペアで伝え合います。端末の問題を見て，もう一度自分の解き方を振り返ることで自覚を促せるよさがあります。　　　　　　　　　　　　　　　　　　　　　　　　　（浅賀）

〈引用・参考文献〉
・池田敏和・田中博史監修，藤原大樹編著（2022）『板書で見る全単元・全時間の授業のすべて　数学　中学校1年』東洋館出版社

6 ランドルト環をつくろう!

問題

　右は，5mの位置から視力が測れ
る，簡易視力検査表です。検査表の
中に使われているのは，ランドルト
環と呼ばれています。

　ランドルト環の仕組みを見つけ，
視力0.05が測れるランドルト環をつくりましょう。

1人1台端末活用のポイント

　本時の目標は，「視力と伴って変わるランドルト環の直径や内側の直径，
すき間の幅を調べ，表を用いて2変数の関係が反比例であることを見いだし，
ランドルト環の仕組みを理解することができる」です。1年で関数の考え方
である「何を決めると何がわかるのか」を理解することは，関数領域に限ら
ず大切な考え方です。これまでは2つの伴って変わる数量について何人かの
生徒に聞いて終わっていましたが，1人1台端末があれば一人ひとりが考え，
その意見を共有することができます。解決にあたっては，Google
Jamboardの1つの表に3つの変数を直接書き込ませます。生徒が気付きに
くい反比例の関係について，視力と1つの変数の関係だけでなく複数の項目
を1つの表にして共有することで変化の様子の似ている部分を捉えやすくし，
反比例であることを見つけられるようにします。

授業展開例

①伴って変わる数量を捉える

　この授業の日は，コンタクトではなくメガネをかけていきます。メガネを外して視力検査をしますが，0.1も見えません。近づいたらよいという意見も出ますが，視力がいくつになるかわかりません。そこで，5mのところから0.05の視力が測れるランドルト環をつくることを問題としていきます。

T　ランドルト環をつくるにあたって，視力が変わると何が変わるのかな？

S　大きさ？

T　どんなところの大きさかな。それを，Google フォームに打ち込んでもらおうと思います。1人1つは記入してください。いくつもあるという人は，最大4つまで入力できるので，入力してから送信してください。

〜入力する時間〜

S　うーん，1つしか見つからなかった。

T　では，入力してもらった言葉を，AI に分析してもらうと…こんな感じになります（右の図※）。

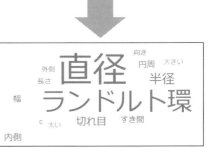

S1　直径は私も書いたわ。

T　直径は，どこのことですか？

S1　白いところの円みたいなのの直径です。

S2 僕は，大きい円の直径だと思っていた。

T どちらも視力に伴って変わっていますか？

S2 両方とも変わっています。

S1 視力がよくなると，小さくなっているね。

T 視力に伴って，変化しているのですね。他の
　意見だと，幅というのもありますが，これは
　どこのことですか？

S2 黒い部分の幅というか厚さのことです。

S1 私は白い部分のところです。黒い部分が離れ
　ているところのことです。切れ目っていうのと同じだと思います。

T 切れ目は同じところのことをいっているのですかね？

S3 はい，同じです。

S4 それなら，すき間も同じところのことです。

T この黒い部分が切れたところですね。視力が変わると伴って変わるも
　のは，たくさんありますね。この中の数値を調べていきましょう。

　出てきた意見を集約し，「内側の円の直径」「外側の円の直径」「すき間の
幅」の３つについて調べていきます。

②表を用いて，解決する

　調べる項目が決まったら，「新しいことを
調べるとき，どのようにまとめたらいいか
な？」とたずね，「表でまとめたらよい」と
いうことを共有します。その後，単元を通し

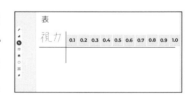

て使ってきた Google Jamboard の表を使わせますが，今日は調べる項目
が３つあるので，３つを同じ表にまとめるようにします。その後，それぞれ
がどのような関係になっているかについて表を基に考えさせます。このとき，
調べた値に誤差があることは触れておきます。

T　表が完成しましたが，それぞれどんな関係になっているのですか？

S1　私が調べた「外側の円の直径」は視力が増えると，減っています。

S2　「すき間の幅」も減っていきます。

S3　「内側の円の直径」も減っていて，視力が0.1から0.2になるとき，「内側の円の直径」は，半分になっています。

T　減り方に，違いや同じところはありますか？

S2　「すき間の幅」も視力が0.1から0.2になるとき，半分になっています。あと，0.1から0.3の3倍では，「すき間の幅」は$\frac{1}{3}$になっています。

S1　「外側の円の直径」もそうなっています。

T　なるほど，「内側の円の直径」はどうですか？

S3　「内側の円の直径」も同じように，変化しています。これは，反比例だと思います。

　生徒が調べた表を基に，視力と「外側の円の直径」「内側の円の直径」「すき間の幅」のそれぞれが反比例の関係になっています。すべてを見いだすことは難しいですが，1つの変化を見ていくことで，他も

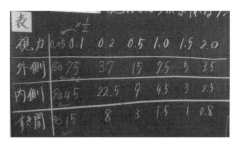

「同じように変化している」ということに気が付くことができます。本時は，表を中心に考えますが，式を用いて解決する生徒が出てきます。時間に余裕があれば取り上げ，どのように考えたのかを発表させます。

（浅賀）

〈引用・参考文献〉
・サイズブログ「ランドルト環（視力検査）」https://sizeblog.net/entry/landolt/
※ユーザーローカル AI テキストマイニングによる分析（https://textmining.userlocal.jp/）

7　比例のグラフをいろいろかいてみよう!

問題

> $y = x,\ y = 2x,\ y = -2x,\ y = -3x$ のグラフをかこう!

1人1台端末活用のポイント

　本時の目標は,「いくつかの比例のグラフをかき,その概形の読み取りを通して,比例のグラフの特徴を理解することができる」です。

　本時は,単元18時間構成の第8時です。前時に「$y = 2x$」のグラフについて,表の数値と座標との関係を確認しながら座標平面上にいくつかの点をとり,それらの座標を直線で結んでグラフをかく活動に取り組んでいます。授業では,問題に示すように比例定数が負の場合などの複数のグラフをかいて,その特徴を見いだす活動を行います。

　生徒は「すべて直線」「すべて原点を通っている」といった共通の特徴のほか,「比例定数が $a > 0$ のときは右上がりの直線,$a < 0$ のときは右下がりの直線」「a の絶対値が大きくなれば傾きが急になる」といった特徴を見いだしていきます。その後,「比例定数がどんな値のときもこれらの特徴はいえるだろうか?」という問いに対して,GeoGebra を用いて比例定数の値を自由に変更し,比例のグラフの特徴についての理解を深めていきます。

授業展開例

①問題を提示し，個人思考に取り組む

　前時に「$y = 2x$」をかいたことのつながりを意識した文脈を大切にして，「比例定数が変わっても，グラフをかくことができるかな？」と問いかけながら問題を提示します。生徒にはグラフ用紙を配付し，1つのグラフ用紙に4つのグラフをかくことを確認します。

S1　昨日の授業のように表をつくってもよいですか？
T　　もちろんです。表があればグラフはかけますか？
S2　かけます！　座標をとってつなげばいいね。
S1　お！　4つともかけそうだ！

　このように，生徒とやり取りしながら問題を提示することで，表の値を座標にとるという既習とのつながりが明確化され，苦手な生徒でもグラフをか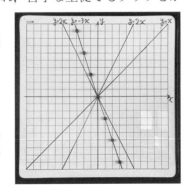こうとする意欲的な姿を期待することができます。また，表を基にグラフをかいている生徒を意図的に指名し，その過程を説明させながら小黒板にグラフをかいていきます。

　ここでは右のように，グラフ黒板にマグネットを用いて座標を表現する活動を取り入れるなど，全員が4つのグラフをかくことができるように配慮します。

②集団思考に取り組む

　4つのグラフが完成したところで，「4つのグラフを見て，気付いたことはないかな？」と問うて，課題として設定します。ここまでの単元の学びを通して，「共通していること」「分類できること」「新たに発見したこと」の

3つの視点から考察する活動を繰り返し経験しておくことで、個人思考で複数の考えを見いだすことができるはずです。

T　　共通している特徴は何でしょうか？

S 3　グラフがすべて直線になっていることです。

S 4　それは絶対に直線になるよ。だって、x が1増えたら同じ数ずつ増えたり減ったりしているからね。

S 3　確かにね。S 4さんがいったことも共通していることだね！

S 5　すべて原点を通っています。

S 6　グラフが（0，0）を通っているし、x, y 座標が両方とも整数の座標を通っています。

S 5　なるほどなぁ。ところで整数の座標を通らないグラフってあるのかな？

T　　S 5さん。興味深い疑問ですね！

　このように、グラフの特徴について、考察する視点を示しながら発言を促していきます。また、「分類できること」の視点では「比例定数が $a > 0$ のときは右上がりの直線、$a < 0$ のときは右下がりの直線」、「新たに発見したこと」の視点では「a の絶対値が大きくなれば傾きが急になる」といった考えが出されます。

③いろいろな式の比例定数について考える

　4つの式から比例のグラフの主な特徴が見いだされますが、ここで終わらずに、「授業で見いだした特徴はいつでもいえるだろうか？」と問いかけてさらに考えさせていきます。

　Google Classroom に GeoGebra の URL を貼り付けておきます。自由に操作させて、気付いたことがあればノートに記述することを伝えます。GeoGebra では、次のように比例定

数がいろいろな値の場合のグラフを瞬時に可視化することができます。また，比例定数が小数の場合のグラフも表示することができます。

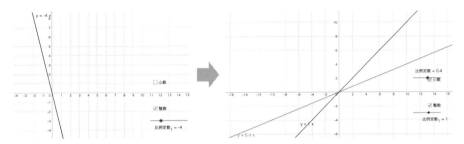

S 7　授業で出された特徴は，すべて成り立ちそうだね。

S 8　成り立つと思う。比例定数が大きくなると y 軸にくっつきそうだ。

S 7　逆に，比例定数が 0 のときは x 軸と一致するね。

S 9　比例定数が 1 のときは，直線の傾きが45°になります。45°より角度が小さくなるときは，比例定数が 1 より小さくなることがわかった！

S10　確かに本当だね！　さっき S 5 さんがいっていたように，x，y 座標がどちらも整数値を通らないグラフがありそうだ！

T　　S10さん，整数値を通らないグラフの比例定数はどんなときかな？

　このように，GeoGebra を用いることで，比例のグラフの特徴をさらに追究する活動に取り組むことができることは，ICT を活用するよさです。また，授業の終盤には，教科書を用いてグラフの特徴を確認します。授業を振り返り，教科書に書かれていない特徴も見いだしていることを価値付け，次の学びに向かう意欲を高めていくことが大切です。　　　　　　　　　　　（菅原）

〈引用・参考文献〉
・相馬一彦・佐藤保編著（2009）『新「問題解決の授業」に生きる「問題」集』明治図書
・相馬一彦・谷地元直樹編著（2021）『単元指導計画＆略案でつくる中学校数学科「問題解決の授業」第 1 学年』明治図書
・GeoGebra（比例のグラフ　作成者：kawata）
　https://www.geogebra.org/m/akvmwnmx

8 移動して重なる三角形はどこ?

問題

△BCH を△OFL に移動します。どのように移動するとよいでしょうか。

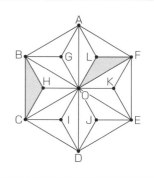

1人1台端末活用のポイント

　本時の目標は,「平行移動,回転移動及び対称移動を組み合わせると,平面図形をいろいろな位置に移動する理由を説明することができる」です。本時は,単元18時間構成の第14時であり,麻の葉模様という日本古来の図を題材として,既習事項である3つの移動を活用して考察を進めていきます。

　解決の過程で,回転移動の様相が捉えにくいと感じる生徒が多く見られる場面があります。生徒による説明を重視しますが,それでも「よくわからないなぁ」という反応が見られたタイミングで,GeoGebra を使って移動する様子を動的に提示します。「お～本当だ!」といった生徒の反応が期待できるでしょう。生徒がつまずいた際に,その悩みを解決する手助けとしての活用こそ,ICT のよさです。

授業展開例

①問題を提示し，解決への見通しをもつ

　某漫画キャラクターの衣装の模様などを想起させながら，日本古来の市松模様や麻の葉模様を提示します。市松模様は正方形を敷き詰めたものであり，麻の葉模様は二等辺三角形を敷き詰めたものであることに気付かせながら，問題を提示していきます。

T　　△BCHを△OFLまで移動することはできるかな？
S1　2つの移動を組み合わせてもいいですか？
S2　組み合わせていいならできそうだ！
S3　1回の移動でもできるんじゃないかな。
S1　それは無理なんじゃない？
S3　いや，できると思うな！

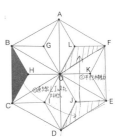

　問題に対して生徒とやり取りをしながら，右のような「移動を組み合わせる」といった考えを引き出し，自然な形で解決への見通しをもたせていくことが大切です。

②個人思考から集団思考へ

　問題の図が複数載っている学習プリントを配付して，個人思考として移動の様子を表現させています。この場面では，教師が机間指導を通して，生徒の考えを把握することが大切です。まずは平行移動，回転移動，対称移動のいずれか2つを組み合わせた考えを意図的に取り上げていきます。その次に1回で移動できる考えを取り上げて，学級全体で考え合う集団思考を活発化させていきます。

S1　回転移動だったら1回で移動することができます。

S2　どうやって移動するの？

T　　S1さん，ヒントを出してください。

S1　う～ん，回転の中心はGです。

S2　よくわからないなぁ。

S3　あっ見えた！　この部分に着目したらいいよ（四角形GBCOに色を塗る）。

S1　わぁ～本当だ！　すごい!!

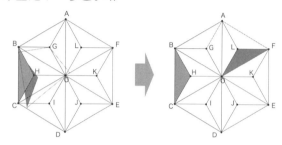

　生徒の熱心な説明により，多くの生徒から「わかった！」という反応が見られます。それでも，納得していない表情をしている生徒がいることもあります。そのような場面でGeoGebraを用いて，上記のような変化の様子を動的に示すことは，生徒の理解を深めるために効果的です。また，四角形GBCOに着目したり色をつけたりすることや，反時計回りに120°回転移動していることについて，生徒とやり取りをしながら確認していきます。

③問題の幅を広げて考える

　生徒から「他の三角形にも1回で移動できるのかなぁ」とのつぶやきが出ることを期待しつつ，出なければ教師から問いかけます。平行移動は「へ」，回転移動は「か」，対称移動は「た」などと，移動可能な三角形に移動の頭文字を記入する活動に取り組ませます。右のように，△AGO（△DIO）や△KFO（△KEO）に移動できないと考える生

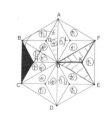

徒が見られるため，全員で考え合います。

S4 △AGOは回転移動でできます。GとHを結んで線分BOとの交点が回転の中心になると思います。

S5 確かにできるね。これは180°回転しているので点対称移動ですね。

T △KFOや△KEOで困っている人がいます。移動できますか？

S6 できます。さっきと同じく<u>四角形を大きく見れば</u>できます！　回転の中心はDです（四角形BCDOに線をかき込みながら説明する）。

S7 本当だ。すべての三角形に移動できるんだ！

　この場面ではほぼ全員の生徒が移動できることを納得しています。ただ，下線部に示すように「四角形を大きく見る」という考え方は大切な方法知であることから，板書に残します。また，生徒の図形に対する見方が豊かになることを期待して，GeoGebraを使って繰り返し移動の様子を見せていきます。さらに，「△BCH以外の三角形でもすべての三角形に移動できるだろうか？」と発問します。

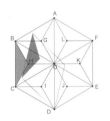

S7 できると思います。△ABGなど周りにある三角形は，どれも△BCHと同じだと思います（S7が黒板の図に斜線をかく）。

S8 じゃあ，内側にある三角形のどれかを選んで調べるといいね！

（菅原）

〈引用・参考文献〉
・池田敏和・田中博史監修，藤原大樹編著（2022）『板書で見る全単元・全時間の授業のすべて　数学　中学校1年』東洋館出版社
・岡崎正和，髙本誠二郎（2009）「図形の移動を通して培われる図形認識―論証への移行を目指したデザイン実験」日本数学教育学会誌，91(7)，pp.2-11
・GeoGebra（図形の移動（麻の葉）　作成者：takuyakubo）
　https://www.geogebra.org/m/Y8ebfNyr

1年

9 身の回りにもあるのかな?

問題

【1時間目】

　なぜ三脚は安定して立つのでしょうか。

【2時間目】

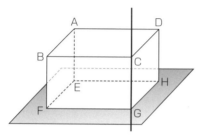

　上の図の直方体で,辺を直線とみたとき,直線 CG と交わる直線と交わらない直線はどれでしょうか。

【3時間目】

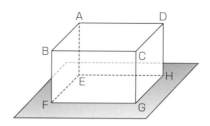

　上の図の直方体で,辺を直線とみたとき,各直線は平面 EFGH とどんな位置関係になっているでしょうか。

1人1台端末活用のポイント

　3時間の授業について，それぞれの目標は「三脚の観察や具体的な操作活動を基に，空間における平面の決定条件を知り，身の回りから平面を決めているものを見つけることができる」「空間における直線と直線の位置関係を知り，それを基にして，直線と直線の位置関係について説明することができる」「空間における直線と平面の位置関係を知り，それを基にして，直線と平面の位置関係について説明することができる」です。

　目標達成に向けて，解決の過程を振り返る場面で，調査活動として端末を活用します。学習した内容を視点に身の回りを見る活動を通して，数学のメガネで身の回りを見る力を育成することができます。

授業展開例

【1時間目】

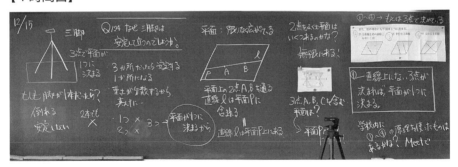

①学校内から平面が1つに決まるという原理を使ったものを探す

　板書のような文脈で指導後，「学校内に平面が1つに決まるという原理を使ったものはあるでしょうか？」と問いかけました。探し出したものを写真で撮影させて，写真上に見いだした平面が1つに決まる条件となっているところを赤色で，平面とみたところを黄色で斜線を引いて示させました。

すると，次の写真のような反応などがありました。

  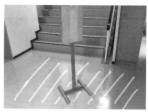

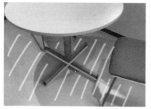  

【2時間目】

②学校内からねじれの位置にある2直線とみることができるものを探す

　板書のような文脈で指導後，「学校内にねじれの位置にある2直線とみることができるものはあるでしょうか？」と問いかけました。探し出したものを写真で撮影させて，写真上にねじれの位置にある2直線とみたところを赤色で示させました。すると，右上の写真のような反応などがありました。

【3時間目】

③学校内から１つの直線と１つの平面が垂直とみることができるものを探す

　板書のような文脈で指導後，「学校内に１つの直線と１つの平面が垂直とみることができるものはあるでしょうか？」と問いかけました。探し出した

ものを写真で撮影させて，写真上に１つの直線を赤色で，１つの平面とみたところを黄色で斜線を引かせました。

　そして，板書右側の図と同じように考えると，どのように考えられるのか，点や直線，平面を示すように伝えました。すると，右の写真のような反応がありました。

　このような小単元を通して一貫した活動を位置付けることで，数学のメガネで身の回りを見る力を徐々に育成することができます。

（赤本）

〈引用・参考文献〉
・坂井裕・小谷元子ほか（2021）『中学数学１』教育出版

10　60分未満の待ち時間ですむのは何時台?

問題

　　病院職員の太郎さんは，来院者に午前中の混んでいない時間帯に受付をしてもらえるように提案したいと考えています。

　　次の度数分布表は，ある日の受付をした時間帯ごとの待ち時間を，「30分未満」「30分以上60分未満」「60分以上90分未満」「90分以上120分未満」「120分以上150分未満」「150分以上180分未満」に分け，来院者数をまとめたものです。

時間帯ごとに分けた待ち時間の度数分布表

階級（分）	8時台	9時台	10時台	11時台
	度数（人）	度数（人）	度数（人）	度数（人）
以上　未満				
0〜30	18	13	14	13
30〜60	15	9	12	7
60〜90	9	7	12	3
90〜120	6	8	1	2
120〜150	6	7	1	0
150〜180	6	6	0	0
合計	60	50	40	25

　　待ち時間が60分未満の来院者数が一番多い時間帯はどの時間帯でしょうか。

1人1台端末活用のポイント

　本時の目標「ある病院の待ち時間について，データの特徴を的確に捉え，60分未満の待ち時間ですむのは何時台なのかの判断の理由を数学的な表現を用いて説明することができる」の達成に向けて，解決の過程を振り返る場面で，協働での意見整理として端末を活用します。生徒の端末と大型提示装置に，クラウドサービスを活用して生徒の複数の考えを書き込んだノートの様子を映すことにより，互いの考えを視覚的に共有し，比較・検討することができ，学級全体での議論を深め，振り返りを充実させることができます。

授業展開例

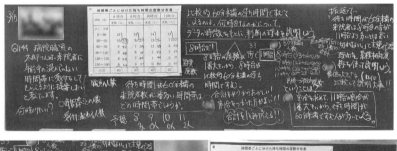

①問題を把握し，データの特徴を基に，判断の理由について話し合う

　時間帯ごとの60分未満の人数の大小とそれぞれの時間帯の総度数の大小を関連付けながら考えることを促し，時間帯ごとに比較するためには累積相対度数が必要であることに気付かせます。実際に求めた累積相対度数を比較し，

60分未満の来院者数の累積相対度数が，8時台より11時台の方が大きいという傾向があることを確認し合いました。

②解決の過程を振り返る

用語「累積度数」「累積相対度数」について教科書で確認した上で，ここまでの学習を振り返って，「待ち時間が60分未満の来院者は，8時台の方が11時台より多いとは言い切れない」と主張できる理由について，累積相対度数を使った説明を書く活動を取り入れました。そして，理由の説明を自分なりに書けた生徒から，記述内容を端末で共有させました（右上の写真は理由の説明を記述したノートを端末のカメラで撮る様子）。

すると，多くの生徒が8時台と11時台のそれぞれで待ち時間が60分未満の来院者数について求めた累積相対度数を用いて説明することができていました。しかし，累積相対度数をどのように使ったのかに触れられていない生徒や，その大小の比較については明示しない生徒もいました。そこで，判断の理由について数学的によりよいものにするために，求めた累積相対度数やその大小関係に着目したことをどのように表現するかを確認し，理由の説明の根拠の部分を数学的によりよいものへ洗練していく活動を取り入れました。

T　（端末で次の生徒の記述を共有した上で）皆さんだったら，この記述は理由の説明ができていると思いますか？

> 60分未満の累積相対度数が11時台の方が大きいから主張できる。

S1　累積相対度数をどのように使ったのかについて書いた方がよいと思う。
T　（端末で次の生徒の記述を比較して共有した上で）では，この2つの記述は理由の説明ができていると思いますか？

| 60分未満の累積相対度数をそれぞれ求めると，8時台は0.55，11時台は0.80となるので，11時台の方が来院者数が多い。 | 8時台での60分未満の累積相対度数は0.55，11時台での60分未満の累積相対度数は0.80と，11時台の方が割合が大きいことがわかるから。 |

S2　左は，累積相対度数を書いて説明できているけど，右のように，累積相対度数の大小についても書くとよいと思う。

S3　右は，これでも伝わると思うけど，最後に，「60分未満の来院者数は8時台の方が11時台より多いとは言い切れない」と書いた方が，理由の説明がきちんと書けていると思う。

S4　「累積相対度数は8時台が0.55と11時台が0.80で11時台の累積相対度数の方が大きい。よって，60分未満の来院者数は8時台の方が11時台より多いとは言い切れない」って書ければよいと思う。

T　60分未満の来院者数について8時台と11時台それぞれの累積相対度数を求めて比較し，8時台より11時台の方が，累積相対度数が大きいことから主張できる理由を説明できましたね。

　この後，「もし，自分が病院職員だったら混雑を解消するために，どのような提案が考えられるか」という問題に対する結論について，分析して得られたことからまとめる場面を設定しました。

| 当院を利用する皆さまへ（お知らせ）
いつも当院をご利用いただきありがとうございます。診察まで時間がかかるとの声をいただきました。申し訳ございません。当院で調べたところ，□□□□□□□□□□□がわかりました。来院される際の参考としてください。　　病院長 |

（赤本）

〈引用・参考文献〉
・国立教育政策研究所教育課程研究センター（2020）「令和2年度全国学力・学習状況調査　調査問題活用の参考資料　中学校数学」

1年

11　どの紙吹雪が適している?

問題

　3年生を送る会で，退場のときに紙ふぶきを降らせる演出を考えています。次のA～Cのどの紙が適しているでしょうか。

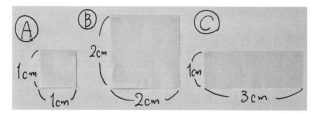

（初出：菅原（2021）より）

1人1台端末活用のポイント

　本時の目標は，「身近にある問題の解決を通して，統計的に問題を解決する方法について知り，その解決過程を振り返って新たな問題を見いだすことができる」です。本時は，単元11時間構成の第7時に位置付き，生徒の身の回りにある事象の問題に対して，統計的に問題を解決するための方法（PPDAC）に基づいて解決していきます。データを収集する場面では，Google スプレッドシートを用いて記録します。表やグラフに表して分析する場面では，SGRAPA でヒストグラムや度数折れ線を作成します。ICT を用いてデータを収集し，グラフなどを作成して分析することを繰り返すことで，批判的に考察する力を高めていきます。

授業展開例

①解決すべき問題を見いだし，予想する

　３年生を送る会の退場時に，紙ふぶきを降らせる演出をするという場面を想起させます。生徒が生徒会の本部役員という立場であることを強調します。

T　紙ふぶきはどのように降り注ぐのが理想でしょうか？

S　ゆっくり，ふわっと降り注ぐ感じがよいと思います。

S　体育館の電気を消して，スポットライトで照らすと綺麗です。

T　ここに，折り紙で作った３種類の紙ふぶきがあります。どの紙ふぶきが適していると考えますか？
　　（A〜Cの紙ふぶきを提示します）

S　（挙手をして，A〜Cのいずれかを予想します）

②データの調査方法やルールを決めて，調査計画を立てる

　予想したことを確かめるための調査方法について，学級全体で考えていきます。ここでは，調査方法などを教師から指示するのではなく，生徒に考えさせることが重要です。

T　予想したことをどのように調べるとよいでしょうか？

S　実際に紙ふぶきを降らせる実験をしたい。

S　同じ高さから床に落ちるまでの時間を計測すればよい。
　　（２mくらいの高さから落とすことを設定します。例えば，ビニールテープなどで学級の各所に２mの高さの目安となる印を付けます）

S　時間を決めて，50回くらいは実験した方がよい。

S　でも，全員が50回の実験ができるとは限らないと思う。

S　相対度数で比べればよいのでは？　３つのデータを比べるので，相対度数の折れ線グラフにするとよいと考えます。

③データを集めて整理する

　「実験をして，３つのデータを比べよう」という課題を設定して紙吹雪，ストップウォッチを配付し，20分程度の実験に取り組みます。生徒を３つのグループに分けて，A～Cの紙ふぶきが落ちる時間を計測します。実験のデータを共有化した Google スプレッドシートに入力します。グループで実験を行う場合，２人が紙吹雪を落とす，２人がストップウォッチで計測する，２人が端

末からデータを入力するといった役割を明確にすることが大切です。また，データを入力する際，１人は奇数，もう１人は偶数の欄に入力するというルールを決めておくことで，効率的にデータを収集することができます。

④データの傾向を捉えて分析する

　作成した実験結果の度数分布表及びグラフをプロジェクターで投影，もしくは生徒の端末に提示します。３つの度数折れ線を読み取る時間を数分確保し，データから読み取ったことをノートに記述する時間を確保します。

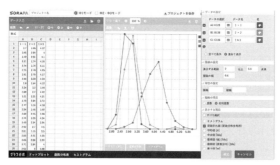

T　グラフからどのようなことがわかりましたか？

S　AやBは早くに落ちる傾向があります。およそ2.5～3.0秒くらいです。

S　BはAよりは滞空時間が長く，およそ3.0秒前後です。

S　Cは範囲が広く，2.3秒くらいで落ちることもあれば，５秒以上でゆっ

くり落ちることもあります。

S　ふんわり落ちることを考えれば，Cが適していると考えます。

　　階級の幅はSGRAPAで簡単に変更することができるため，生徒は分析しやすい値に変更しながら考察を進めることができます。

⑤分析の結果から結論を出す

　　データの分析を通して，「Cが一番適しているのではないか」と自然な流れで合意形成され，問題が解決されます。そして，本時の授業を振り返り，①～⑤の統計的に問題を解決する方法（PPDAC）について確認します。ここでは，新たなPPDACサイクルに向かうことの必要性を実感するために，滞空時間を伸ばすための改善案を考える活動を設定します。

T　Cの紙が一番適しているようですが，もっと滞空時間を伸ばすためには，どんな工夫をするとよいでしょうか？

S　1cm×4cmの紙にすると滞空時間が伸びるのではないでしょうか。

S　今回は折り紙を使いましたが，半紙などの薄い紙を使うとよいと思う。

S　なるほど！　ビニールの素材もよさそうです。また，いろいろな紙の種類を混ぜるとより綺麗になりそうです。

T　PPDACの手順で新たな問題に挑戦できそうですね。

　　最後に，新たな問題をよりよく解決するためのポイントをGoogleフォームに記入させます．全体で交流し，様々な着眼点や方法を知ることのできる場を設定します。
　　　　　　　　　　　　　　　　　　　　　　　　　　　　　　（菅原）

〈引用・参考文献〉
・菅原大（2021）「7　データの分析」，相馬一彦・谷地元直樹編著（2021）『単元指導計画＆略案でつくる中学校数学科「問題解決の授業」第1学年』明治図書
・『数学教育』編集部編（2022）『中学校数学「主体的に学習に取り組む態度」の学習評価完全ガイドブック』明治図書

12　表と裏が出ることはどちらが起こりやすい？

問題

　右の図のような足つきボタンがあります。これを投げるとき，表と裏が出ることはどちらが起こりやすいでしょうか。

 表
 裏

（初出：菅原（2021）より）

1人1台端末活用のポイント

　本時の目標は，「足つきボタンの表と裏の起こりやすさについて，その起こりやすさが一定の値に近づいていくことを理解することができる」です。

　本時は，単元11時間構成の第9時に位置付き，足つきボタンを投げるときの表と裏が出るという不確定な事象に対して，統計的に問題を解決するための方法（PPDAC）に基づいて問題を解決していきます。

　起こりやすさを調べるために多数回の試行をペアで行います。10回ごとの表の出た度数を n_1，n_2，…とし，$(n_1 + n_2)／20$，$(n_1 + n_2 + n_3)／30$，…とそれぞれの相対度数を求めていきます。求めた相対度数を Google スプレッドシートに入力し，多数回の試行の様子をグラフとして可視化します。他ペアのグラフと比較して考察することで，どのグラフも一定の値に近づいていることに気付いていきます。他のペアのグラフを瞬時に見ることができ，共通する特徴を見いだす活動を行えることが，ICT を活用するよさです。

授業展開例

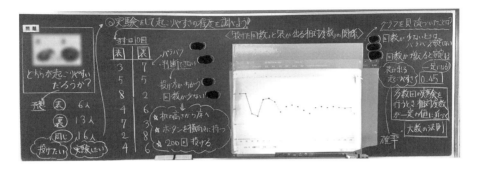

①問題を提示し，結果を予想する

　足つきボタンを提示し，数回投げて問題の意図を把握させます。ボタンの表と裏の状態を確認し，「どちらが起こりやすいだろうか？」と発問し，予想させます。挙手をさせると表と裏で異なる予想が生まれます。

　そこで，「どのように確かめるとよいだろうか？」と問うと，「表と裏しかないからほぼ同じになるのではないか」「何回か投げてみたい」「実験してみたい」といった反応を引き出し，多数回の試行に取り組んでいきます。

②実験の計画を立てて多数回の試行に取り組む

　「実験をして起こりやすさの程度を調べよう」という課題を設定し，2人組のペアで10回の試行に取り組みます。その後，いくつかのペアの結果を発表させて板書します。

S1　あれ？　バラバラだなぁ。これでは比べられないよ。

S2　投げ方が違うからだよ。上に高く放り投げていた人がいたよ。

S1　確かに，投げ方は揃えた方がよいかも。

S2　椅子の高さからボタンを横に持って床に落とすのはどうかな？

S3　あと，実験の回数が少ないと思う。100回くらいは必要だと思う。

このように生徒に実験方法を考えさせ，多数回の試行に取り組ませていくことが大切です。ここでは，ペアでの役割を明確にするとともに，プラスチック製の透明なコップで足つきボタンを覆って投げるようにすることで，多数回の試行を効率よく行うことができます。

　また，実験のデータをノートの残すことや相対度数を求める活動を重視するために，あえて ICT を使わずに A5サイズの学習プリントを配付し，10回ごとの結果を記録させていきます。

③収集したデータを分析して結論付ける

　Google Classroom に共有化した Google スプレッドシートの URL を貼り付けておきます。10回ごとの相対度数をシートの所定のセルに入力すると，折れ線グラフとして表示されます。

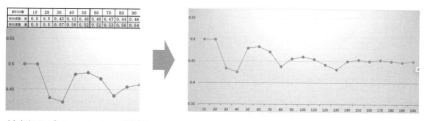

　教師はグラフを1つ選択し，スクリーンに映します。「グラフを見て気付いたことは何でしょうか？」と問いかけて，その特徴について考察していきます。

S4　回数が10回や20回のときは変化が激しいです。
S5　100回くらいまでは変化に波が見られます。
S6　でも，140回を過ぎるとほぼ変わらないね。
S4　これってどのペアでも同じなんでしょうか？
T　　他のペアのグラフも見てみよう。どうだろうか？
S4　あっ！　どの班も一定の値に近づいている！
S　　なんだか不思議だなぁ。

多数回の試行を行うとき，その相対度数が一定の値に近づく概念として，「大数の法則」を紹介し，その値が確率であることをまとめます。また，表が出る確率が0.45，裏の出る確率が0.55であることから，裏が出ることの方が起こりやすいという結論が導き出されます。

④ ICT を活用して学習内容を深める

グラフの特徴を捉えた後に，ボタン（裏）のグラフを併せて表示します。「裏のグラフも追加しましたが，どんなことがいえそうですか？」と問いかけ，確率の意味の理解をさらに深めていきます。

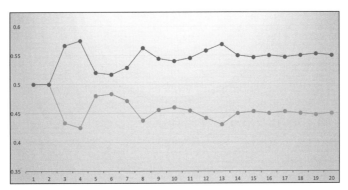

S　表と裏のグラフが上下対称になっています。

S　それに裏もちゃんと一定になっているね。

S　あっ！　表と裏の値をたすと常に１になっている！

S　本当だ〜！（多数）

（菅原）

〈引用・参考文献〉
・相馬一彦・佐藤保編著（2009）『新「問題解決の授業」に生きる「問題」集』明治図書
・菅原大（2021）「7　データの分析」，相馬一彦・谷地元直樹編著（2021）『単元指導計画＆略案でつくる中学校数学科「問題解決の授業」第1学年』明治図書
・相馬一彦・谷地元直樹編著（2022）『新3観点対応！中学校数学科「問題解決の授業」のテスト問題＆学習評価アイデアブック』明治図書

2年

13 連続する偶数の和は□になる?

問題

> 2＋4＝6
> 4＋6＝10
> 6＋8＝14
> …
> 連続する偶数の和にはどんな関係があるでしょうか。

１人１台端末活用のポイント

　本時の目標は,「文字を使った式を用いて, 数量及び数量の関係を捉え, 説明することができる」です。本時は, 単元15時間構成の第12時であり, 前時に「１＋２＋３, ２＋３＋４…」といった連続する３つの整数の和の関係性を見いだし, 文字を使った式で説明する活動に続く, 活用場面の２時間目に位置付きます。

　問題に対する予想を確かめるために, Google スプレッドシートを使って計算の仕組みを考えさせます。この活動を通して, 式が無限に存在することに気付くとともに, 文字を用いて説明することの必要性が高まると思われます。

　授業の終盤には, Google フォームで文字を使った説明の過程を振り返り, そのポイントを記入させます。Google フォームに入力された記述は, 記録に残す評価としても活用することが可能です。

授業展開例

①式のみを提示して，関係性を見いだす

　問題文をいきなり提示するのではなく，式のみを提示して生徒とやり取りをしながら解決すべき問題を見いだしていくことが大切です。

T	（2＋4を板書）次にはどんな式を書くと思いますか？
S1	3＋5，2＋5かな？
S2	4＋6じゃないかな。
T	（4＋6が出されたタイミングで）4＋6…
S2	じゃあこの次は6＋8だ！
S3	連続する偶数の和だね。前の授業の問題に似ている！
T	連続する偶数の和には，どんな規則が隠れているかな？
S4	偶数になる。
S5	あ！　真ん中の奇数の2倍になっている！
S	お〜本当だ！

$$2＋4＝6$$
$$4＋6＝10$$
$$6＋8＝14$$
$$8＋10＝18$$
$$…$$

　前時に「1＋2＋3＝6，2＋3＋4＝9…は真ん中の数の3倍になる」といった考えが出されているため，そのつながりから，本時でも「真ん中（2数の間）の奇数の2倍」という考えが出されます。このような問題を繰り返し経験させて，式から関係性を見いだす力を高めていくことが大切です。

②解決すべき課題を見いだす

　生徒から出された考えを基に，「連続する偶数の和は偶数になる」という命題を板書します。この場面では，すぐに「文字を使って説明しよう」と発問をして説明させるという展開にせず，Google スプレッドシートを使って連続する偶数の和の仕組みを考えさせていきます。

また，Google スプレッドシートに計算式を入力し，そのセルをコピーすることで，連続する偶数の和の計算を規則的に多数表示できることを経験させます。マイナス方向にもコピーすることで，負の数の領域でも連続する偶数の和が成り立つことに気付かせるとともに，文字を使うことの必要性を高めていきます。

S6　－2や－6とかも偶数っていってよいのかなぁ。

S7　いいんじゃないかな。だって，偶数は2で割り切れる数でしょ。

S8　－2＝－1×2，－6＝－3×2って表せるよ。

S6　なるほど，納得しました。マイナスも偶数っていえるんだね。

S9　連続する偶数はいつでも偶数っていえそうだ！

S8　文字を使ったら一発で説明できる！

　連続する偶数を「n，$n＋2$」「$2n$，$4n$」と表す生徒が見られます。意図的に教師が取り上げて，反例があることを確認しながら連続する偶数が「$2n$，$2n＋2$」となることを確認していきます。次の下線部分に着目させて，真ん中の奇数の2倍になっていることを数名の生徒に説明させます。

　整数をnとすると連続する偶数は$2n$，$2n＋2$と表せる。

$2n＋(2n＋2)$

$＝4n＋2$

$＝\underline{2(2n＋1)}$

　$2n＋1$は整数なので連続する偶数は偶数になる。

---

③条件を変更して考える

　「連続する偶数の和は偶数になる」という命題を説明できた後，「連続しな

い偶数と偶数の和」について考えさせていきます。

S　これも偶数になると思います。
S　$2＋6＝8$，$－8＋（－20）＝－28$になる（いくつか例をあげて説明します）。
T　これも文字を使って説明できるかな？
S　簡単じゃない？　さっきの説明で偶数を$2n$，$2n$と表せばよい。
S　それはまずいのでは？
S　nには同じ数が入るから，$4＋4$とか$8＋8$などのゾロ目だと思う。

　「連続する偶数の和」→「偶数と偶数の和」と条件を変更することで$2n＋2n$の意味や文字を2つ使うことの必要性に迫ることができると考えます。なお，授業の終盤では Google フォームで，「自己の取り組みを振り返ろう！」として文字を使った説明を進めるときのポイントを記入させます。

　これは説明の理解を深めることを目的としています。記述例として，「文字を2つ使うことですべての偶数を表せることがわかったので，問題の意味をよく考えて説明していきたい」「連続する奇数の和や，$2＋4＋6$と計算の数を増やすなど，他の場合についても調べてみたい」といった内容が見られます。生徒の記述を記録できるという Google フォームの特性を活かし，主体的に学習に取り組む態度の評価に生かすことも可能です。　　　　（菅原）

14　式の値を簡単に求めるにはどうすればいい?

問題

> $x = 5$, $y = 9$のとき, 式　$2(5x + 3y) + 3(x - 2y)$ の値を求めなさい。

1人1台端末活用のポイント

　本時の目標「2つ以上の文字を含む式の値を, 能率的に求める方法を説明することができる」の達成に向けて, 授業の終末で, 問題づくりを位置付けます。各自のペースで教材を発展させながら, 学習を進めて学びを広げたり深めたりすることを促すことができます。

　このような問題づくりに取り組ませるときには,「自作の問題」と「解答解説」をセットにして提出させて, それを全体共有することで, オリジナルの問題集とすることができます。

　なお, 問題づくりに取り組ませる際には, 授業過程の中で条件変更による発展の文脈を位置付けた上で, どのように発展させてきたのか振り返ったことを基にして, 自分なりに発展していけるように促すことが大切です。

授業展開例

①課題を明確化し，既習事項を基に，式の値を能率的に求める

　単元で既に扱った式を取り扱うことで，式の値を求めるとき，式を計算してから数を代入すると，求めやすくなる考えが導きやすくなるようにしました。代入する値は正の整数として，1年の学習との接続がスムーズになるようにし，はじめに $5x + 3y$ のところだけを見せながら提示することで，学習内容が発展していることに気付けるようにしました。次のような生徒の考えをロイロノート・スクールで共有して授業を進めました。

①

$$2（5x + 3y）+ 3（x - 2y）$$
$$= 2（25+27）+ 3（5 - 18）$$
$$=50+54+15-54$$
$$=50+15+（54-54）$$
$$=65$$

②

$$2（5x + 3y）+ 3（x - 2y）$$
$$=10x + 6y + 3x - 6y$$
$$=10x + 3x + 6y - 6y$$
$$=13x$$
$$13×5 =65$$

　①は，②と比較することで②の考えのよさを際立たせるために取り扱いました（①は考えた生徒が誰であるかは明かさず，教師の板書で提示）。

　②の考えは，「こんなよりよい求め方があるっていうんだけど，一部分だけ書いてもらうね。どんな求め方か考えながら見ていてね」などと伝えた上で，考えの一部を板書させて授業を進めました。

②解決過程を振り返り，練習や問題づくりをする

　①の学習を踏まえて，次のように授業を展開していきました。

> 確認問題
> 　$x = 5$，$y = -3$ のとき，式　$2（6x + y）- 3（4x - 3y）$ の値を求めなさい。

確認問題では，代入する値の一方が負の整数
となっていますが，式を計算してから数を代入
すると簡単に式の値が求められることを確認し
ました（右は共有した生徒の解答）。その際，
式の値を求める競争を教師とする場面をつくり
ました。そこで教師が先に代入する方法で求め

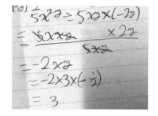

るように振る舞えば，式の値を求めるとき，式を計算してから数を代入する
と，求めやすくなる考えのよさが際立つでしょう。

練習問題
　$x = 3$，$y = -\dfrac{1}{2}$のとき，式　$5x^2y \div 5xy \times (-2y)$の値を求めなさい。

　練習問題では，単項式と多項式の乗法が含まれ
た式を単項式同士の乗除が混じった式に変えたり，
代入する値を分数や小数としたりして，式の値を
能率的に求める方法を説明させました（右は共有
した生徒の解答）。

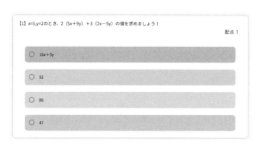

　ここで次のように伝え，学習進度が早い生徒には問題づくりに取り組ませ
ました。問題づくりでは，条件を変更した問題について考えてきたことを意
識させ，どのように発展させるのか生徒自身に決めさせるようにしました。
そして，問題をつくり終えた生徒は，他の生徒の問題で興味がわいたものを
選択させて取り組ませるようにしました。すると，次のような対話の様子が
見られました。

【1】x=5,y=2のとき、2 (5x+9y) +3 (2x−5y) の値を求めましょう！

配点 1

- ○　16x + 3y
- ○　92
- ○　86
- ○　47

[2] $x=2, y=-4$のとき，$3(2x+4y)-2(3x-6y)$の値を求めましょう！　　　　配点1

○　48

○　-96

○　24y

○　96

[3] $x=2, y=10$のとき，$0.5(10x-5y)-0.3(10x-5y)$の値を求めましょう！　　　　配点1

○　6

○　18

○　2x-y

○　-6

S1　（上記のS2がつくった3題について）これの発展のさせ方うまいな。

S2　さっきみたいに，【1】から【2】へは，「－」を入れたんだ。

S1　【3】は，式に小数が含まれているんだね。この選択肢はどうやってつくったの？

S2　「$2x-y$」は式の計算だけして代入を忘れちゃったパターン，「6」は符号を間違えたパターン，「18」はxとyの代入する値を逆にしちゃったパターンだよ。

　次は，他の生徒がつくったレベル3の問題です。このように，自分なりにどのように考えて発展させたのか，選択肢はどのような誤答を想定して設定したのか，自然と対話をする姿が学級全体に溢れました。

> $x=3$のとき，式　$2(5x+3y)+3(x-9y)$の値は87になる。このときのyの値を求めなさい。

> $x=3$，$y=-\dfrac{1}{3}$のとき，式　$10x^4y^3 \div 5x^2y^2 \div (-2y)$の値を求めなさい。

　なお，この時間の問題づくりでは，「式を計算してから数を代入した方が，式を計算せずにそのまま代入するよりも，式の値が求めやすくならない問題」をつくった生徒がいた場合は積極的に紹介するようにします。

（赤本）

15　どの部分が変わり,どの部分が変わらない?

問題

【1時間目】
　連続する3つの整数の和は,どんな数になるでしょうか。
【2時間目】
　2桁の自然数とその数の十の位の数と一の位の数を入れ替えた数の和は,どんな数になるでしょうか。
【3時間目】
　2つの偶数の和は,どんな数になるでしょうか。

1人1台端末活用のポイント

　3時間の授業について,それぞれの目標は「連続する3つの整数の和の性質がいつでも成り立つことを,文字を使って説明することができる」「2桁の自然数とその数の十の位の数と一の位の数を入れ替えた数の和の性質がいつでも成り立つことを,文字を使って説明することができる」「2つの偶数の和は偶数になることや偶数と奇数の和は奇数になることを,文字を使って説明することができる」です。小単元の学習を終えた後,解決の過程や結果を振り返って統合的・発展的に考察する過程として,命題の条件を変更させたときの説明を比較・検討する場面を位置付けます。この際に端末を活用し,命題同士のつながりや,命題の条件を変えたときに説明のどの部分が変わり,どの部分が変わらないのか考えるように促します。

授業展開例

○統合的・発展的に考察する

> 学びを深めるために…条件を変えることにより発展させた事柄の理由の説明を書いてみましょう。条件が変わったときに説明のどの部分は変わって，どの部分が変わらないのか調べてみましょう。

　小単元の学習を振り返り，上記のように考えるように生徒に働きかけました。そして，

・「連続する３つの整数の和は，３の倍数になる」理由の説明

・「　　　　　　　　　　の和は，　　　　　になる」理由の説明

・「　　　　　　　　　　の　は，　　　　　になる」理由の説明

の３つ（上記は１時間目の場合）についてロイロノート・スクールを活用し，自分なりに考えるように促しました。

　すると，次のような記述をする生徒の姿が見られました。

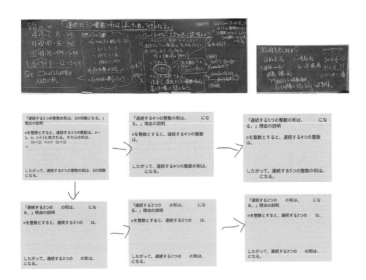

1時間目

2時間目

3時間目

　条件を変えた命題についての説明を完成させることも大切ではあるのですが，この活動で一番大切にしたことは，命題同士のつながりや，命題の条件を変えたときに説明のどの部分が変わり，どの部分が変わらないのか考えることです。3時間目の授業では例えば，生徒がつくった図について，次のような対話が生まれました。

T 右に条件を変えているところに着目すると，説明はどの部分が変わって，どの部分が変わらないといえるかな？

S 上：左のカードから真ん中のカードへは，主語の偶数を奇数に変えたら，はじめに表す文字式が変わっている。

S 真ん中のカードから右のカードへは，主語の和を差に変えたらはじめの式が変わっている。

S どんな説明でも，文字を使って説明する手順は変わらない。

T どんな手順かな？

S 「まず文字を使った数量を表す」「説明する事柄に合わせて，文字式を変形する」「変形した式を基に事柄が成り立つことを示す」の順です。

T 連続する偶数の和は偶数になることの理由の説明では，偶数になることをいうために，$2(2n+1)$ をつくっていますが，この式から連続する偶数の和の性質について，他にいえることはないかな？

S $2n+1$ は連続する偶数の間の奇数を表しているから，連続する偶数の和は，連続する偶数の間の奇数の2倍になるともいえる。

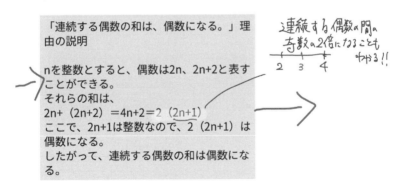

「連続する偶数の和は、偶数になる。」理由の説明

nを整数とすると、偶数は2n、2n+2と表すことができる。
それらの和は、
2n+（2n+2）＝4n+2＝2（2n+1）
ここで、2n+1は整数なので、2（2n+1）は偶数になる。
したがって、連続する偶数の和は偶数になる。

このように，統合的・発展的に考察することができるように促すことが大切ですが，このような学びは，内容のまとまりごとに計画的に位置付けていくことに留意する必要があると考えます。

(赤本)

2年

16　それぞれの定価はいくら?

問題

> 　Tシャツとジーパンを定価で1着ずつ買うと4200円です。今日はセールで，Tシャツが10%OFF，ジーパンが20%OFFだったので，3500円で買うことができました。
>
> 　Tシャツとジーパンの定価はそれぞれいくらでしょうか。

1人1台端末活用のポイント

　本時の目標は，「問題の中の数量の関係を，文字を使った式で表し，それを基にしてつくった連立二元一次方程式を解いて，問題の答えを求めることができる」です。

　本時は，単元13時間構成の第11時であり，連立方程式を利用して問題を解くための手順を理解し，速さを題材とした問題に続く，活用場面の3時間目に位置付きます。特に，本時で扱う割合に対する苦手意識の強い生徒が多く見られるため，立式する場面を丁寧に扱う必要があります。

　授業の後半では，割合を題材にした問題文の作成に取り組みます。Googleスライドを共有化し，そのURLをGoogle Classroomに貼り付けます。生徒はシートに問題文を作成します。他の生徒のシートを自由に閲覧できるため，数学が苦手な生徒もそれを手がかりにしながら取り組むことができます。

授業展開例

①解決すべき問題を見いだす

　文章問題を解決していくためには生徒が題材の場面をイメージし，問題の意図を理解することが重要です。そこで，次のように生徒とやり取りをしながら解決すべき問題を見いだしていく活動が大切です。

T　皆さんはTシャツやジーパンをどのお店で買いますか？

S　〇〇！

　　（〇〇にはお店の名前が入ります）

T　そのお店はバーゲンをやっていました！

S　半額で買えるかな。30%OFF くらいだと嬉しいなぁ。

T　（問題文を「3500円で買うことができました」まで板書して）問題の続きはどうなるかな？

S　「Tシャツとジーパンの定価をそれぞれ求めよう」です。

S　買った値段を求めるという問題でもよさそうですね。

②誤答を取り上げて，全体で考え合う

　生徒とのやり取りを通して，Tシャツとジーパンの定価を求めるという問題を解決していきます。「どうやって解決したらよいかな？」とその方針を問うと，これまでの授業で身に付けた見方・考え方を生かして，「連立方程式をつくればよいのでは？」との反応が見られるでしょう。

　そこで，Tシャツの値段を x 円，ジーパンの値段を y 円と確認し，式を考えさせます。数分の個人思考を設定し，机間指導で生徒の考えを把握します。すると，右の

> 誤答例
> $$\begin{cases} x + y = 4200 \\ 0.1x + 0.2y = 3500 \end{cases}$$

ような誤答を書いている生徒が見られます。そこで，教師が誤答を意図的に板書して，間違いの理由を考えさせていきます。

T　この式は正しいといえますか？

S1　いえません。下の式の左辺が間違っていると思います。

S2　確かに0.1を x にかけると，90%OFF された値段を表しているね。

S1　10%OFF されると90%が残るので，$0.9x$ が正しいと思います。

S2　正しい式は$0.9x + 0.8x = 3500$になるはずです（その１の考え）。

S3　でも，左辺が$0.1x + 0.2y$でもできるよ！

S　え!?

S3　右辺を700にすればいいんじゃないかな？

S1　（10秒ほどの沈黙の後）あっなるほど。

S2　右辺は4200−3500＝700で，値引かれた値段を表しているんだ（その２の考え）。

　ここでは，Ｔシャツやジーパンの割引について，図を用いて考えを表現している生徒のノートをタブレットで撮影し，大型 TV などで提示します。学級全体で式の意味について考え合う活動を通して，理解を深めていきます。

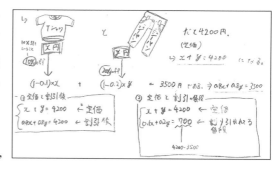

　また，（その２）の考えが出されない場合もあります。そのときは，教師から式のみを提示し，その意味を考えさせることも考えられます。

③自作の問題文を作成する活動に取り組む

　授業の終盤では割合を題材とした様々な練習問題に取り組み，定着を図ることが大切です。本時では，割合の概念的な理解を深めることを目的として，問題文を作成する活動に取り組ませました。Google スライドの自分の出席番号のシートに問題文を作成します。

また，作成した問題に対する連立方程式と解，問題の答えは自分のノートに書かせます。

S4　どうやったらうまく問題をつくれるのかな？
S5　まずは定価を設定すると問題を考えやすいよ。
S4　なるほど，次に値引きした代金を考えたらいいんだね。
S6　値上げした場合はどうなるの？
S5　考えてもみなかったよ。20%増加なら1.2をかけるのでは？

　教師は Google スライドの作成状況を観察しつつ，机間指導で活動の様子を把握していきます。「値上げする場合，割合をどう表したらよいか？」など，必要に応じて学級全体で考え合う場面を設定することが大切です。
　次時には，作成した問題４人の学習グループ内で出し合う活動に取り組みます。授業で扱った問題の購入した品物や数値を変更した問題文が多く見られますが，次のように解の吟味が必要な問題や，増減した割合の数値を求める問題文なども見られます。

```
出席番号21　名前

問題
あめとチョコレートをそれぞれいくつか買います
Aを3個，Bを3個買うと1200（税抜）円
Aを4個，Bを7個買うと2500（税抜）円で
す。
消費税が8％から10％に増えた今，それぞれ10
個買ったときの税込の値段を求めましょう。
```

```
出席番号13　名前

問題
3000円の商品Aと7000円の商品Bを一つずつ
買う
AがX％増加し，BもY％増加した時の合計は
12300円
AがY％減少し，BがX％増加した時の合計は
11500円です。
XとYを求めなさい。
```

　グループの話合いでは「この問題面白いね」「こんな問題も考えられるんだ」「この部分を直した方がよいのでは？」といった声が聞こえてくるなど，意欲的に取り組む姿が期待できます。
　また，後日に速さなどの割合以外の題材を扱った問題文を考えてくる生徒が出てくる場合があります。その考えを Google Classroom などで瞬時に共有できることは ICT のよさといえるでしょう。

（菅原）

17　どんなグラフになる?

問題

点 P が長方形 ABCD の辺上を，秒速 1 cm で B→A→D と動きます。

点 P が動き始めてから x 秒後の △PBC の面積を y cm^2 としたとき，x と y の変化の様子を表すとどんなグラフになるでしょうか。

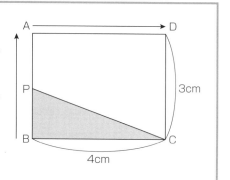

1人1台端末活用のポイント

　本時の目標は，「長方形の周上を点が動く事象の伴って変わる 2 つの数量の関係について，図や表，式，グラフを関連付けながら，考察し表現することができる」です。

　本時は，単元18時間構成の第16時で，一次関数の活用の 3 時間目に位置付きます。点 P の移動時間に伴う △PBC の面積の変化の様子を GeoGebra で 1 回のみ提示し，グラフの概形を考える活動に取り組ませます。

　グラフの概形は Google Jamboard にかかせ，生徒の考えを把握します。いくつかの考えを大型 TV などで紹介して「正確なグラフをかこう」という課題を設定し，その解決に取り組んでいきます。

授業展開例

①問題を把握し，予想する

　長方形 ABCD を提示し，点 P が秒速 1 cm で点 B を出発して B → A → D まで動くことを説明します。ここでは，マグネットを用いて点 P が動く様子を表現させることが大切です。

T　　1秒後，点 P はどこにあるかな？
S 1　このあたりです（黒板にかかれた図にマグネットをつけます）。
T　　2秒後はどうなるの？
S 2　1 cm ずらせばいいね。

　このようなやり取りの後，GeoGebra で時間と面積の変化の様子を 1 回見せます。その後，Google Classroom に Google Jamboard の URL を配付し，変化の様子を表すグラフを予想させます。

②解決すべき課題を見いだす

　Google Jamboard に書かれた考えを意図的に 3 つ取り上げます。予想した理由を問いながら解決すべき課題を見いだしていきます。

（その 1）　　　　　　　（その 2）　　　　　　　（その 3）

T　　どのグラフが正しいかな？
S 3　（その 3）だと思います！

T　どうして（その3）のようなグラフになるのかな？

S3　だって，点Pが辺AD上を通るとき，面積が変わらないからです。

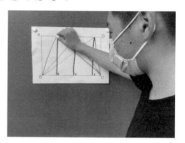

S4　底辺がBCで高さは，ずっと3cmで変わらないからです（右の写真）。

T　正確なグラフがかけそうですね？

S　かける！（多数）

③課題を解決する

　「正確なグラフをかこう」という課題を設定し，生徒に学習プリントを配付してグラフをかかせていきます。個人思考では，表や式をつくりながらグラフをかいている生徒が見られます。そこで，「表や式をつくっている人がいますね」と教師がつぶやき，低位の生徒も解決への方針がもてるよう配慮しながら，グラフを完成させていきます。

T　（表の考えを取り上げる）1秒のとき面積2はどうやって求めたのかな？

	辺AB上					辺AD上		
x（秒）	0	1	2	3	4	5	6	7
y（cm^2）	0	2	4	6	6	6	6	6

S　底辺が辺BCで4cm，高さが1cmなので $4 \times 1 \div 2 = 2$ となります。

S　2ずつ増えているね。3秒までは点Pは辺AB上にあります。

T　座標をとればグラフがかけますね。式はどうなるのかな？

S　高さが x になるので，$y = 4 \times x \div 2 = 2x$ です。

T　この式で合っているかな？

S　あ！　変域が必要です。変域は $0 \leqq x \leqq 3$ です。

S　点Pが辺AD上にあるときは，$y = 6$（$3 \leqq x \leqq 7$）となるね。

板書は，生徒から出された考えのポイントや表，式を関連付けながら整理することが大切です。この場面では改めて GeoGebra で変化の様子を提示し，問題の解決過程を振り返らせます。

④条件を変更して考える

　問題が解決された場面で，条件を変更して考える場面を設定します。生徒からは，「①点 P が D→C→B と動くとどうなるか？」「②点 P が D→A→B と戻ってきたらどうなるか？」「③点 P が 1 秒間に 2 cm ずつ動くとどうなるか？」など様々な考えが出されます。共通して①の考えを取り上げて全体で考え合います。グラフは感覚的にかけますが，式を問うと $y = 4 ×（10 - x）÷ 2$ の $（10 - x）$ の意味を理解できない生徒が多いです。そこでペアなどで話し合う活動を充実させ，全員が納得できるようにします。その後②，③は学習プリントで取り組みます。

　GeoGebra は自由に使えるようにし，考えるきっかけとなるようにします。生徒の学習プリントを写真で撮り，Google Jamboard で共有します。また，ペアでグラフの意味について説明し合う活動に取り組ませます。

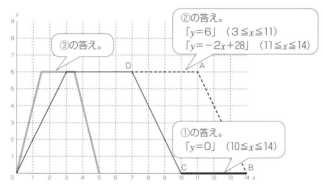

（菅原）

〈引用・参考文献〉
・GeoGebra（動点問題 6　作成者：kawata）
　https://www.geogebra.org/m/hs2d5s4y

18　3つの角にはどんな関係がある?

問題

ℓ //m のとき，∠ x の大きさは何度でしょうか?

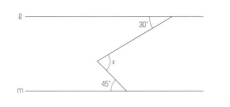

1人1台端末活用のポイント

　本時の目標は，「補助線を用いることで，平行線の同位角や錯角，三角形の内角や外角の性質を使って，角の大きさを求めることができることを理解することができる」です。

　本時は，単元19時間構成の第8時であり，これまでに学習した平行線の同位角や錯角，三角形の内角や外角の関係を活用して角の大きさを求めるだけでなく，文字を用いて演繹的に説明する大切な場面です。本時では，補助線の検討を行いながら，具体的な数値の角の大きさを求める活動を行います。

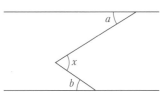

　その後，GeoGebra で∠ a +∠ b =∠ x という関係を動的に捉えさせることで，いつでも∠ a +∠ b =∠ x という関係が成り立つことに気付かせ，演繹的な説明につなげていきます。

授業展開例

①問題を提示し，補助線の必要性に気付かせる

　平行となる2直線を板書し，問題の図のみを板書します。30°と45°を示し，「∠xの大きさは何度かな？」と問いかけて予想させます。

S1　80°くらいかな。
S2　たぶん75°になると思います。
T　　どうしてそのように予想したのかな？
S1　見た目による直感です。
S2　私は2つの角度をたしました（この発言に対し，うなずく様子が見られるため，挙手を求めると同意見が多数であることが多いです）。
T　　では，75°になることを確かめるにはどうしますか？
S2　分度器で測る！
S3　測らなくても補助線を引けば求められそうです。

　本時の目標の達成に向けて，実測という考え方は大切ですが，下線に示す「補助線を引けば求められる」という解決への方針を生徒から引き出したいです。そのためには，既習である三角形の内角の和や外角，多角形の内角の和を求める学習場面において，補助線を引く活動を繰り返し経験させて，自然に補助線の考えが出されるよう指導することが大切です。

　なお指導の際には，「なぜこの補助線を考えたの？」と問い返して，補助線を引く着眼点を明らかにすることが重要です。本授業では，学習プリントを使いました。タッチペンが使える環境であれば，共有化したGoogleスライドなどに問題の図を準備しておき，補助線をかき込んだり他の生徒の補助線を自由に閲覧したりしながら，角度を求める授業展開も考えられます。

②補助線のみを提示して，角の大きさを求める

　机間指導で生徒の考えを把握します。その中から，4名に意図的に指名し，右の（その1）～（その4）にある補助線のみを黒板に提示します。補助線は他にも複数の考えがあると思われますが，既習事項を活用して多く

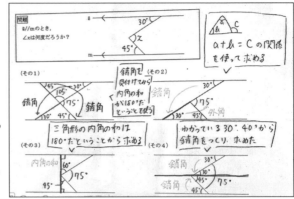

の生徒が解決できる考えを取り上げることが大切です。

③学級全体で考え合う

　説明させる場面では，角の位置関係についてマグネットを使って表現させるとともに，錯角や三角形の外角などの既習の用語を使うことを促し，表現を洗練していきます。

S4　（その2の考えについて）まず，こことここの角が同じです。

T　（黒板の図に同じ色のマグネットを30°の錯角の部分に貼り）この角ってなんていう角でしたか？

S　錯角です（多数の生徒がつぶやきます）。

S4　そして，30°と45°をたせば75°になります。

T　なんで30°と45°をたせるの？

S5　だって，外角だから（黒板の図で外角の関係について説明します）。

　このように，教師が適切に問い返して多くの生徒が発言できるように配慮します。また，次の（その5）の考えは，比較的多くの生徒が引く補助線です。三段論法に触れることのできる貴重な考えです。生徒の実態に応じて取

り上げたり，宿題にしたりすることが考えられます。

④他の角度の場合について考える

　Google Classroom に GeoGebra の URL を貼り付けておきます。すると，生徒は点 P を動かしていろいろな場合の角の大きさの関係について調べていきます。

　例えば，右のように授業で扱った問題の逆側の角の大きさの場合についても，上下の角の和になっていることが見いだされます。ここで，「上の角と下の角をたすと，いつでも

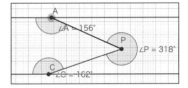

間の角の大きさになることを説明できないかな？」と問いかけます。「GeoGebra を使ったらいつでもいえるよ」という考えも出されますが，「文字を使えば説明できる」という考えが出され全員が納得します。これに対し，「（その４）を使えば簡単に説明できる」という考えを基に生徒に説明させます。このような活動を繰り返して，教科書にある図は特殊な図であることや演繹的に考えていく必要性を感得させていきます。

　また，点 P を平行な 2 直線の外側に動かす生徒もいます。このような考えも取り上げ，「∠ BAP －∠ DCP ＝∠ APC」という関係になっていることを見いだす活動に取り組み，発展的に考えさせていきます。

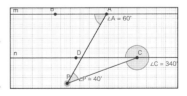

（菅原）

〈引用・参考文献〉
・GeoGebra「平行線と角　作成者：Geo_Math_Room」
　https://www.geogebra.org/m/u5s8hfrr

19　凹四角形の角の大きさを求めよう!

問題

　どのようにすれば，∠xを求めることができるのでしょうか。

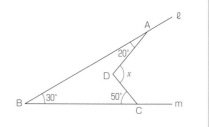

1人1台端末活用のポイント

　本時の目標は，「凹四角形の解き方と既習事項を結び付け，見通しをもって多様な考え方で解決することができる」です。

　前時に右の図のような問題を解決しています。本時の問題を提示するときには，前時の図を動的に捉えさせることで，前時と同じように補助線を引いたら解決で

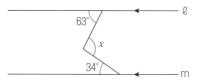

きるのではないかと生徒は考えます。どのように補助線を引くか，補助線をどのように活用したか，どの性質を使うか見通しをもたせた上で，本時の問題を解決していきます。

　補助線を引いて解決への見通しを立てた後で，説明が書けていないシートや疑問が書かれているシートを取り上げて説明させることで，問題を焦点化することができます。

授業展開例

①問題をつなげる

　GeoGebra を使って，前時の問題を動的に捉えさせ，本時の問題につなげます。

T　前回の授業で何をしたか覚えていますか？
S　平行線に「く」の字みたいな図形をやりました。

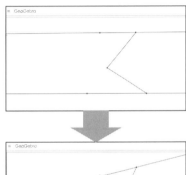

T　そうでしたね。どのように解決しましたか？
S　線を引きました。
T　どんな線でしたか？
S　平行線を引きました。
S　三角形をつくるように線を引きました。
T　そうでしたね。今日は，前回のこの図形（右：上の図）を変えていこうと思います。どのように変わると思いますか？

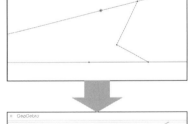

S　平行線が狭くなる？
T　平行なまま狭くなるということかな。今日の図形（右：中央の図）は，上の平行線をこのように動かして，下の直線と交わらせます。

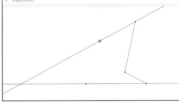

S　求める角度は昨日と同じところかな？

②解決する問題を焦点化する

　問題を提示した後，「補助線を引けば求めることができる」を確認し，ど

のような補助線の引き方があるか Google Jamboard に書き込ませます。
角度を求めることが目的ではなく，どのような求め方があるかを複数考えさ
せるようにします。引いた線を見て，その人がどのように求めたのかを確認
し，共有します。線が同じであっても解決の着想に相違があったり，線は引
けたけれど解決の糸口がわかっていなかったりするものを取り上げて，解決
するようにしていきます。

T　辺 CD を D の方に延長している線をかいている人がいますね。この
　　線を引くと，どのように求められるのですか？

S1　AB と交わったところを E とする
　　と，△ EBC の内角の和から∠
　　BEC ＝100°がわかります。直線
　　は180°なので，∠ AED ＝80°で
　　す。

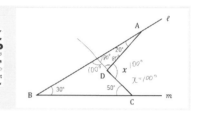

T　ここまでで，質問や疑問がありますか？　ないようなので，続きをお
　　願いします。

S1　次に△ AED の内角の和から，∠ ADE ＝80°なので，直線から∠ x
　　＝100°と求められます。

T　同じように求めた人はいますか？

S2　線は同じですが，求めた方が違う気がします。

T　どのように求めたのですか？

S2　線の引き方が同じなのですが，∠
　　AED は△ EBC の外角なので，
　　∠ AED ＝30°＋50°＝80°と求め
　　られます。次に同じように，∠ x
　　も△ AED の外角なので，∠ x ＝
　　80°＋20°＝100°と求められます。

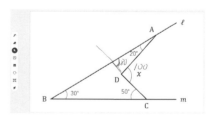

T　先ほどの求め方との違いは何ですか？

S2 　さっきは，三角形の内角の和を使っていましたが，私の求め方は三角形の外角の性質を使っています。

T 　なるほど，そうなのですね。逆に共通していることはありますか？

S 　何だろう。三角形をつくっているところですかね。

T 　三角形は共通ですね。他の線の引き方ではどうですか？

S 　AとCを結んで三角形をつくったのですが，私の求め方は，どうなのだろう？

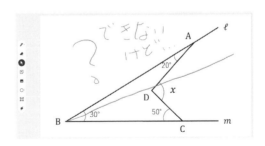

T 　どのように求めたのか，説明できますか？

S 　●と○のところの角度は，わからないのですが，△ABCの内角の和は180°なので，●＋○以外は，20°＋30°＋50°＝100°です。だから，●＋○＝80°になります。次に△DCAでは，三角形の内角の和から，∠x＝180°−80°＝100°になります。

T 　これは，どんな求め方なのかな。

　補助線が同じでも，求め方を洗練していったり見通しがもてても解決できなかったりするものを扱ったりすることで，考え方が統合されていきます。前時や既習事項とつなげるための，考える時間を生み出すのが端末の利用のよさです。

（浅賀）

〈引用・参考文献〉
・GeoGebra（凹四角形　作成者：浅賀亮史）
　https://www.geogebra.org/m/hmrjam9n

2年 【三角形と四角形】

20　BE =CD といえる?

問題

AB = AC である二等辺三角形 ABC の点 B，C から辺 AC，AB に垂線を引き，その交点をそれぞれ E，D とします。

このとき，BE = CD といえるでしょうか?

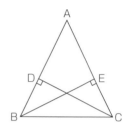

1人1台端末活用のポイント

本時の目標は，「直角三角形の合同条件を使って図形の性質が成り立つことを証明することができる」です。本時は，単元19時間構成の第9時であり，これまでに学習した二等辺三角形の性質や，前時に学習した直角三角形の合同条件を使って，BE = CD となることを証明することが主な学習活動です。授業では，頂角が鋭角である二等辺三角形を提示して証明を進めていきます。この証明を終えた後，GeoGebra を用いて頂角の角度を徐々に大きくする様相を示していきます。頂角が直角のとき，そして，鈍角になっても BE = CD が成り立つことを考えさせていきます。

図形が動的に変化していく様子を提示することで，与えられた図が特殊な図であることを実感できることは，ICT を活用するよさです。

授業展開例

①問題を提示し，証明の方針について考える

　二等辺三角形 ABC を黒板に作図し，生徒のノートにも作図させます。点 B，C から辺 AC，AB への垂線は三角定規を用いてかき加えながら，問題を提示していきます。

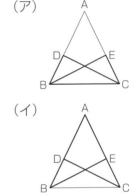

T　BE と CD の長さは等しいといえるかな？

S　いえるでしょう（多数が反応します）。

S　合同を証明すれば，対応する辺が等しくなるので説明できます。

S　これは，前の授業でやった直角三角形の合同条件を使う問題だ！

T　どの三角形とどの三角形の合同を示しますか？

S　△ DBC と△ ECB で証明できます（ア）。

S　△ ABE と△ ACD でも証明できます（イ）。

　（ア）（イ）の２通りの考えに対し，自分で選択した組合せで証明に取り組ませていきます。この場面では，学級全体で「AB ＝ AC である二等辺三角形 ABC の点 B，C から辺 AC，AB に垂線を引き，その交点をそれぞれ E，D とすると，BE ＝ CD になる」という命題を確認します。

　また，「仮定や結論を式で表すとどうなるかな？」と問うて，仮定が「AB ＝ AC，∠ BDC ＝∠ CEB ＝90°」，結論が「BE ＝ CD」という特述命題を考えます。特に直角の表現を確認しておくことで，低位の生徒にとっても証明に対する抵抗感が少なくなります。

②「口頭による証明」から「記述による証明」へ

　（ア）（イ）の考えのいずれかを意思決定させて，証明に取り組んでいきま

す。まずは選択した考えが同じ生徒同士でペアを組み，右のノートの図を使って「口頭による証明」に取り組ませます。数名に指名して，黒板の図の等しい辺や角の部分にマグネ

【（ア）の証明】	【（イ）の証明】
△DBCと△ECBで	△ABEと△ACDで
∠BDC＝∠CEB＝90° ・・・①	∠AEB＝∠ADC＝90° ・・・①
共通な辺なので	共通な角なので
BC＝CB・・・②	∠BAE＝∠CAD・・・②
二等辺三角形の底角は等しいので	二等辺三角形より
∠DBC＝∠ECB・・・③	AB＝AC・・・③
①〜③より，直角三角形の斜辺と	①〜③より，直角三角形の斜辺と
1つの鋭角がそれぞれ等しいので	1つの鋭角がそれぞれ等しいので
△DBC≡△ECB	△ABE≡△ACD
よってBE＝CD	よってBE＝CD

ットやマグネットバーを貼りながら証明を進めていきます。この活動の後に「記述による証明」に段階的に取り組ませることで，多くの生徒が証明を記述することが期待できます。

　取組の早い生徒に指名して，黒板に証明を書かせます。証明の確認が終わった場面で，「直角三角形の合同条件を使わないで証明できないかな？」と問いかけます。

S　「1組の辺とその両端の角がそれぞれ等しい」が使える！
S　例えば，（イ）の証明で①，②から∠ABE＝∠ACDがいえるね。
T　なるほど！　でも，合同条件を使わないで証明できないかな？
S　え〜できないよ。

　このようなやり取りから，新たな視点による証明に出合わせていきます。1分程度考えさせた後に，「三角形の面積を求めることで証明できないだろうか？」と教師がヒントをつぶやきます。意表を突かれた表情をしている生徒が多く見られますが，「あっわかった！」という反応が出ることを期待しましょう。この場面では，問題の図に着目させ，△ABCの面積は「$S_1 = AB × CD ÷ 2$」で求められることを示します。「$S_2 = AC × BE ÷ 2$」「AB＝ACなのでBE＝CDとなる」という考えを生徒から引き出しながら証明を進めます。「お〜すごい！」「面積を使っても証明できるんだ！」と

新たな視点による証明の存在を知ることになります。また，証明を振り返り，面積の証明は直角三角形だからこそ可能であることにも気付かせていきます。

③頂角の大きさを変更して考える

Google Classroom に GeoGebra の URL を貼り付けておきます。まずは教師が大型 TV などで「頂角を大きくしても BE＝CD は成り立つかどうか？」と問いかけながら提示します。

T	頂角が直角になるとどうかな？
S3	ん？　あ！　いえる！
S4	垂線がなくなるね。
S3	２辺と垂線が一致するから証明しなくても BE＝CD となるね。
S4	なるほど！
T	頂角をさらに大きくして鈍角にすると？
S4	垂線が引けない！
T	この図だとどうなるかな？
S3	２辺を延長するのですね！
S5	あ！　面積の方法で証明できるよ。

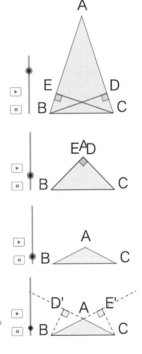

「２辺に垂線を引く」ことを「２辺を延長した直線に垂線を引く」とみなして証明を進める経験をさせることで，豊かな論証指導につながると考えます。

(菅原)

〈引用・参考文献〉
・GeoGebra（二等辺三角形　作成者：kawata）
　https://www.geogebra.org/m/ntu7jbxu

21　等しい三角形を見つけよう!

問題

平行四辺形 ABCD の2辺 AD, CD 上に AC//PQ となるように中点 P, Q をとります。右の図のように AP, CQ, BP, BQ を線分でつないだとき, △ACP と面積の等しい三角形を見つけましょう。

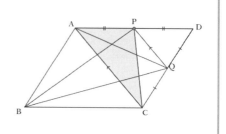

1人1台端末活用のポイント

　本時の目標は,「平行四辺形で見つけた面積の等しい三角形について, 問題の条件を変えても成り立つのかを調べて説明する活動を通して, 図形の性質に着目して事象を統合することができる」です。この授業で端末を活用するメリットは, 2つあります。

　1つ目は, 複雑な図形の問題において, 時間をかけずに問題を把握できる点です。生徒が問題の図を把握するとき, ノートに図をかかせることも考えられます。本時は授業の後半に考える時間を確保するために, 図を Google Jamboard で生徒に配ります。2つ目は, 動的に考える視覚的な補助として, 自分で動かして問題の条件を変えることができる点です。誰かの考えた図を用いるのではなく, 自分で点を動かしてみることで, 友達との図の共通点や相違点を見いだし, 図形の性質に気付くことができます。

授業展開例

①面積が等しい理由を共有する

　問題文を提示してノートに写させた
後，図を端末に提示してイメージさせ
ます。次に，図を背景に設定してある
Google Jamboard のファイルを生徒
に配付し，等しい面積の三角形を見つ

けさせます。そのとき，見つけた図が重なって見えにくくならないように，
等しい面積の三角形は１つのシートに１つずつかくように指示します。個人
解決をした後で，全体で共有します。

T　　△ ACP と面積の等しい三角形は見つかりましたか？

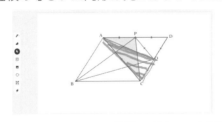

S1　見つかりました。△ ACQ は，面積の等しい三角形だと思います。

T　　なぜ，この三角形は面積が等しくなるのですか？

S1　それは，辺 AC が共通で AC と PQ が平行なので，等しくなります。
　　　前回学習した「平行線と面積」を使いました。

T　　なるほど，他には面積の等しい三角形はありましたか？

S2　はい，私は△ AQD の面積が等しくなると思います。

T　　なぜ等しくなるか，理由もいえますか？

S2　点 Q が辺 CD の中点なので，CQ = QD になります。この辺を底辺
　　　とすると，△ ACQ と△ AQD の高さは，２つの三角形ともに点Aか
　　　ら辺 CD に下ろした垂線になるので，面積は等しくなります。底辺

と高さが等しいので，三角形の面積は変わらないと考えました。

T　その説明だと，△ ACQ と△ AQD の面積は等しいですが，△ AQD と△ ACP の面積が等しいといえないのではないですか？

S2　先ほどS1さんが，△ ACP と△ ACQ の面積が等しいことをいっていたので省略しましたが，△ ACP と△ ACQ の面積が等しい，△ ACQ と△ AQD の面積が等しいということは，△ ACP と△ AQD の面積も等しくなります。

S1　なるほど。それでもいいけど，別の考え方もできると思います。△ ACP と△ AQD は，両方とも△ ACD について高さが同じで底辺を半分にしているので，面積は等しくなると思います。

S2　確かにそうですね。その方が簡単ですね。

　ここでは，△ ACP と面積が等しくなる理由について，何を根拠にしているのかを聞いていきます。特に，右のような△ ACP と辺が全く重ならない図について，生徒の考えが深まるように，面積の等しい三角形の取り上げる順番に注意が必要です。生徒の意見を集約するために，Google Classroom で把握しておくと，共有がスムーズにいきます。さらに，点の動的なイメージがつかめない生徒がいることが考えられるので，右の二次元コードにあるような図を読み込ませて，点A，C，Pを動かすことで，共通な辺と平行線の理解を深める一助とします。

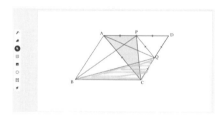

②問題の条件を変えて考える

　点を動かしたイメージをもって問題を解決したところで，「問題の点が動いたら，△ ACP と等しい面積の三角形はどうなるのかな？」とたずねます。そこから，中点ではない点Pを考えていきます。

T 問題では，△ACP と面積の等しい三角形はいくつあったのかな？

S 全部で，５つありました。

T なるほど，たくさんありましたね。最後のところの説明で点を動かしてもらいましたが，もし点 P が動いたら，５つの三角形の面積は等しくなるのかな？

S どういうことですか？

T 問題では点 P は中点でしたが，中点ではなくなるとどうでしょうか？

S あまりイメージがつかめません。

T イメージをつかむために，タブレットで図を変えてみましょう。二次元コードから図を読み込ませてください。
（①の二次元コードを生徒に読み込ませます）

S そういうことか，点 P が動く！

T 図がどのようになりますか？

S 点Dから突き抜けるのは，ありですか（右の図）？

T 中点ではないという条件に合っていますか？

S 合っていると思います。

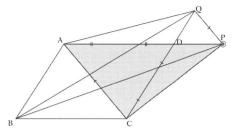

　生徒自身が条件を変えた図を考え，５つの三角形の面積は等しくなるのかを確認していく中で，根拠となる図形の性質に着目していきます。この授業では，「平行線と面積」が根拠として残ることで，等しい面積の三角形を見つけるときに重要であるということに気付いていきます。

（浅賀）

〈引用・参考文献〉
・田中俊光・時乗順一郎・岡本昭彦ほか（2019）「数学指導ハンドブック第７集」山口県中学校数学教育会
・GeoGebra（△ACP と等しい面積　作成者：浅賀亮史）
　https://www.geogebra.org/m/k96rxqee

22 得点力が高いのはどの国?

問題

次のデータは,東京2020女子バスケットボール競技に出場した12か国の全試合の各クォータの得点が表されたものです。

スペイン	セルビア	カナダ	韓国	アメリカ	日本	フランス	ナイジェリア	中国	ベルギー	オーストラリア	プエルトリコ
19	20	13	15	28	30	22	20	17	21	19	17
22	24	21	20	21	10	22	12	21	16	19	9
18	14	13	18	16	13	23	18	21	15	9	13
26	12	19	16	21	16	15	22	15	10	27	16
23	16	13	10	19	13	17	22	27	21	17	16
17	20	15	14	31	21	19	16	11	16	24	8
20	9	17	20	21	18	13	19	17	19	16	13
16	27	23	17	22	22	21	26	21	29	13	15
16	17	16	15	17	30	18	12	32	23	22	24
17	15	17	13	27	21	26	15	21	20	23	20
21	18	16	11	26	33	23	15	18	17	23	8
19	15	25	14	11	18	20	20	26	27	28	17
16	16			26	19	21		14	16	12	
14	19			22	22	15		19	26	15	
18	14			20	20	19		25	26	12	
16	28			11	25	12		12	17	16	
	12			25	14	22					
	11			16	27	12					
	16			17	27	16					
	20			21	19	21					
	23			23	14	19					
	17			27	25	24					
	16			25	17	24					
	20			15	19	24					

(得点のデータは AKATSUKI FIVE を参考に筆者作成)

1人1台端末活用のポイント

本時の目標は,「箱ひげ図だけでなく,ヒストグラムや度数折れ線などの様々なデータを比較・分析することで,多面的に問題を解決することができることを理解することができる」です。本時は,単元6時間構成の第4時に

位置付き，バスケットボールの得点のデータを題材として扱い，統計的に問題を解決するための方法（PPDAC）に基づいて解決していきます。

　データは Google スプレッドシートで提示し，必要に応じて SGRAPA を用いて箱ひげ図やヒストグラムを作成できるようにします。ICT を活用して様々なグラフを作成し，それを分析することを通して，批判的に考察する力を高めていきます。

授業展開例

①問題を把握する

　東京2020のオリンピックの話題に触れ，女子バスケットボールで銀メダルを獲得したことを想起させます。ここでは，YouTube などにある実際の試合動画を見せて，イメージを膨らませていくことが大切です。

T　なぜ日本女子バスケットチームが銀メダルを獲得できたと思いますか？
S　日本のチームワークがよかったからだと思います。
S　得点力が高かったのではないかな？　旭川出身の町田選手が活躍した！
S　運動量が多く，ディフェンスもよかったと思います。
T　優勝したアメリカや日本の得点力って本当に高かったのかな？

　データは Google Classroom で配付します。また，右のような得点結果の画像を提示して，クォータごとの得点の意味を理解させていきます。また，データ数の違いは試合数の違いであることも確認します。

②問題の解決に向けて計画を立てる

　アメリカや日本の得点力が高いことを調べるための調査方法について，学

級全体で考えます。ここでは，調査方法などを教師から指示するのではなく，生徒に考えさせることが重要です。

T　どのように調べるとよいだろうか？
S1　表から平均値を求めるとよいと思います。
S2　平均値も1つの材料になりそう。箱ひげ図をつくったら他の国と比較しやすいと思う。
S1　SGRAPAですぐにつくれるね！　私は平均値も求めておくよ。

　1年からSGRAPAなどでヒストグラムや度数折れ線を作成することを経験しておくことで，2年のこの場面では自在に使いこなすことができるはずです。2年から活用する場合は使い方の指導を事前に行う必要があります。

③データを分析し結論を出す

　Googleスライドを共有化してURLをGoogle Classroomに貼り付けておきます。生徒は右のように出席番号の記載されたページにSGRAPAで作成した箱ひげ図などを貼り付けて，データの分析を進めていきます。Googleスライドを共有化することによって他の生徒の様子を見ることが

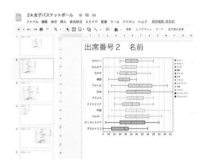

できるため，低位の生徒への対応になります。また，机間指導で「アメリカと日本はどっちの得点力が高いかな？」と教師がつぶやき，生徒の活動を促します。生徒の取組の状況を見て分析の結果を発表させます。

S3　最高得点は日本だね。
S4　30点取った試合が2回あるね。でも，箱に着目するとアメリカの方が右よりで，中央値も日本より高いです。

S3　確かに。平均値はアメリカが1位で21.2，日本が20.5で2位だね。

S5　アメリカと日本は順位の通り，得点力が高いといえます。

④新たな問いを見いだして分析する

　問題の結論が出た場面で，「他に調べられることはないかな？」と問うと，「得点力3位はどこか？」「一番低い国はどこか？」といった考えが出されます。そこで，3位であったフランスの得点力について考えさせていきます。

T　フランスが3位でしたが，得点力も3位といえるか
　　な？

S6　中国やベルギーも高いなぁ。箱ひげ図だけでは比べ
　　られないです。

S7　ヒストグラムをつくったらよいのでは？

S8　でもフランスと中国，ベルギーはデータの数が違う
　　なぁ。

S7　相対度数で比べたら？　相対度数折れ線がよいと思
　　う。

S　なるほど！（多数）

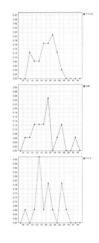

　SGRAPA を使うと右の相対度数折れ線を重ねて表示することもできます。必要に応じて様々なグラフを瞬時に作成することができ，それらを分析できることは，批判的な思考を高めていくために有効です。

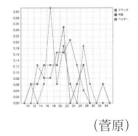

（菅原）

〈引用・参考文献〉
・AKATSUKI FIVE「第32回オリンピック競技大会（2020/ 東京）バスケットボール日本代
　表」
　https://tokyo2020.japanbasketball.jp

23　さいころはどの目が出やすい?

問題

> 　1つのさいころを投げるとき，1〜6の目が出る確率はどれも同じといえるでしょうか?

1人1台端末活用のポイント

　本時の目標は，「さいころの目の出やすさについて，多数回の試行によって得られる相対度数がどれも同じであると仮定することを通して，同様に確からしいことを理解することができる」です。

　さいころの目の出やすさを確かめるために多数回の試行を行います。10回ごとの出た目の回数を Google スプレッドシートに入力し，多数回の試行の様子をグラフとして可視化します。30回程度の試行を行った段階のグラフは1〜6の目がバラバラです。この段階のグラフを全体で共有し，試行回数を増やした際のグラフの概形を予想する活動に取り組みます。

　なお，全ペアのグラフを個々の端末から確認することができるため，どのペアも，1〜6の目が収束していくことの理解を深められることがポイントです。

　授業の終盤では，5つの選択肢による練習問題を，Google フォームで提示して取り組ませます。理解度について教師，生徒ともに把握することができるとともに，記録に残す評価として活用することもできます。

授業展開例

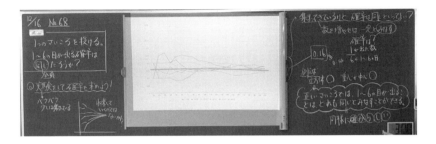

①問題を把握する

　さいころを提示し，出た目を当てるというゲームを代表生徒2人に取り組ませます。勝った方の生徒の目に着目しながら，解決すべき問題を把握させていきます。ここでは，生徒とやり取りをしながら問題を理解させていくことで，解決への必要感が高まり，主体的な取組が期待できます。

②多数回の試行に取り組む

　問題を解決する方針を問うと，生徒は「実験をしたい！」とすぐに反応します。そこで，ペアを確認してさいころを振る人と記録を Google スプレッドシートに入力する人の役割を決めます。

　また，右のようなさいころとカップを配付して，多数回の試行に取り組ませます。30回ほど試行を進めた場面で，途中までのグラフを GoodNotes に取り込んで大型スクリーンに示し，学級全体で共有します。

色付き部分に入力

T　このグラフを見てどう思いますか？
S　バラバラです。
S　きっと回数を増やしていけば同じになると思う。

T　回数を増やすとグラフはどのようになるのかな？

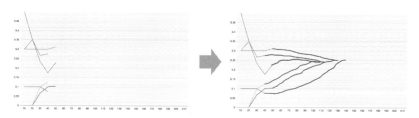

　実験回数を増やした場合のグラフの概形を生徒にタッチペンで表現させます。上の図のように集まっていく様子が表現され，「グラフは収束していく」といった考えが出されると思われます。このようにグラフの概形への見通しをもつことで，多数回の試行に対する必要感がさらに高まります。

　なお，グラフの概形を予想するという活動は，多数回の試行の前に位置付けることも考えられます。

③他の生徒と共有してまとめる

　個々の端末から他のペアのグラフを見て，気付いたことをノートに書かせます。数分後，ペアで考えを伝え合う活動に取り組ませます。

S　どのペアのグラフも収束している傾向にある。

S　でも一致はしていないね。

S　もっと回数を増やせば一致していくと思うな。

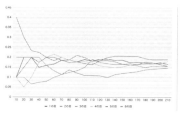

S　どのペアのグラフも0.17あたりに収束しそうだ。

　ペアで話し合われている考えを意図的に取り上げて，集団思考につなげていきます。生徒から出された0.17の数値の理由を問うて$\frac{1}{6}=0.1666\cdots$と関連付けます。また，この場面では，グラフが収束する理由を考えさせて，同様

に確からしいことの意味を理解させます。

T （直方体のさいころを提示して）このさいころでも，グラフは収束する
  かな？
S （「しない」が多数）だって直方体だから。
T （一見普通のさいころに見えるいかさまダイスを提示して）このさいこ
  ろは収束するかな？
S するでしょ！ （数回実験する）
  あれ？ 何かおかしい！
T 先生が実験してみるとこんなグラ
  フになりました。
S あれ？ 4の目が異常に出ている。
S いかさまだ！
S 重心が中心でないとダメだよ。

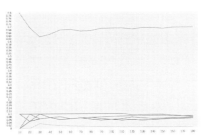

　正しくできたさいころの意味を捉えたタイミングで，「同様に確からしい」
についてまとめます。ここでは，画鋲など同様に確からしいとはいえないも
のを提示して，理解を深めることが重要です。
　最後に平成19年度全国学力・学習状況
調査数学 A ⑭ に出題されたものを練習
問題として Google フォームで提示し
ます。生徒の理解の状況を把握して，補
足説明を行ったり，個別に指導したりす
ることを通して，学習内容を振り返りながら本時の学習内容の理解を深めて
いきます。
　　　　　　　　　　　　　　　　　　　　　　　　　　　　　（菅原）

〈引用・参考文献〉
・半田進（1997）「中学校における確率指導についての一考察—大数の法則に対する生徒の意識
　を中心に—」日本数学教育学会誌，79(9)，pp.271-279
・松元新一郎編著（2013）『中学校数学科　統計指導を極める』明治図書

24　当たりやすいのはどっち?

問題

　　あなたと司会者がいます。

司会者　3つの箱の中に，1つだけ当たりが入っています。あなたは，
　　　　1つの箱を選ぶことができます。当てることができたら，あな
　　　　たに100億円を差し上げます。

　　あなたは1つの箱を選び，指さしました。すると司会者は残りの2つ
の箱のうちの1つを開け，その箱の中に当たりがないことを見せ，次の
ようにいいました。

司会者　選ぶ箱を変えますか?　それとも変えませんか?　さぁ，あな
　　　　たならどうしますか?

　　当たりやすいのは，選ぶ箱を「変える」「変えない」，それとも変えて
も変えなくても当たりやすさは「同じ」のどれですか。

1人1台端末活用のポイント

　本時の目標は，「統計的数学で求めた実験結果から問題を見いだし，数学
的確率を用いて説明することができる」です。本時は，1年で学習した統計
的数学を扱うとき，実際に実験や操作をすることで傾向をつかみます。ただ，
その場合時間がかかり，2年で学習すべき数学的確率を扱う時間が少なくな
ってしまいます。

　そこで本時は，ペアで同じ状況の実験を行い，それを集約することで，課

題を見いだしていきます。そのときに，同じ状況をつくるために Google Jamboard を使います。実験の結果は，「変えない」ときは Google スプレッドシートに打ち込ませますが，「変える」ときは全体で数値を打ち込みながら共有していき，課題を浮き立たせていきます。

授業展開例

①予想し，実験する

　次のように Google Jamboard を用いて，教師が司会者役で，生徒に次のような実演をします。

実演1

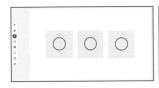

実演2

実演3

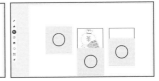

T　3つの箱の中に，1つだけ当たりが入っています。あなたは，1つの箱を選ぶことができます。当てることができたら，あなたに100億円を差し上げます。どれにしますか（実演1を提示）？

S　どれにしようかな？…，真ん中にします。

T　これは，外れです。（実演2を提示して）選ぶ箱を変えることができます。変えますか？　それとも変えませんか？

S　え，どうしよう。悩むけど…，変えません。

T　ファイナルアンサーですね？…，おめでとうございます！　100億円ゲットです（実演3を提示します）。

　実演後に問題を提示し，自分なら「変える」か「変えない」かをたずねます。理由を聞く中で，当たりやすさに目を向けさせます。そのとき，「変え

る」「変えない」，変えても変え
なくても「同じ」の3択で予想
させます。右のような Google
フォームを用いて予想を記入さ
せ，生徒の意見を共有します。
多くの生徒が，「同じ」もしく
は実演に影響された予想を立て
ます。

　次に，生徒に同じ状況で実験できる Google　Jamboard のファイルを配
付し，実験を行わせます。その際，最初は「変えない」，その後「変える」
という形で2つの場合を分けて実験をさせます。

②解決する問題を焦点化する

　実験結果を Google スプレッドシート
に集約します。このとき，「変えない」と
きのデータのみを打ち込ませます。右の
「変えない」ときの集計結果を共有し，当
たるのは，およそ0.3ということを押さえ
ます。その後，「変える」ときの結果は，
教師が Google スプレッドシートに打ち
込みながら共有していきます。

T　「変えない」ときは，だいたい0.3，10回に3回当たるぐらいみたいで
　　すね。それでは，「変える」ときについて，みんなで集計していこう
　　と思います。ペアで順に結果を教えてください。1班さん。

S1　10回中6回当たりました。

S2　8回中6回当たりました。

S1　あれ，うちのペアは当たりすぎで，ラッキーと思っていたけれど，他

のペアも結構当たっているのかな。偶然ではない…？

T 　 3班さん。

S3 　 9回中6回当たりました。

S1 　 もしかして「変える」方が当たりやすいのかもしれない。

　生徒は集計していく中で，「変える」方が当たりやすいことに気が付いていきます。そこで，「変えない」ときより「変えた」ときの方が当たりやすいのかという問題になります。この焦点化された問題について，数学的確率を用いて解決していきます。解決にあたっては，「変えない」について全体で樹形図を用いて解決し，「変える」ときを自力で解決させます。

（浅賀）

〈引用・参考文献〉
・田中俊光・時乗順一郎・岡本昭彦ほか（2019）「数学指導ハンドブック第7集」山口県中学校数学教育会

3年

25　面積図で考えよう！

問題

x^2，$6x$，9を正方形や長方形の面積と考えて表し，組み合わせるとどんな形ができるでしょうか。

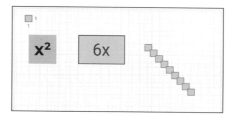

1人1台端末活用のポイント

　本時の目標は，「因数分解と面積図を関連付けて考え，面積図を用いてその計算の意味について理解することができる」です。

　展開や因数分解と面積図を関連付けて考えることは，教科書の付録などでも扱われています。与えられたパズルを並び替えて正方形や長方形をつくり，辺の長さを考えることを通して，展開や因数分解の理解を深めることができます。一方で，与えられたものを組み合わせることで解決していたため，生徒が考えを見いだすことには課題がありました。

　そこで本時は，x^2が正方形に必ずなることや$6x$の項の面積図を考えます。そうすることで，因数分解を式の計算として考えるだけではなく，面積図を用いて課題を捉え直すことにより考えを深めることができます。

授業展開例

①問題を把握する

　問題を提示し，x^2の形について考えます。生徒の「長さはわからないけれど，正方形になる」という考えを全体で共有します。次に，$6x$の形についてはどうかをたずねます。

T　x^2は，正方形になりそうですね。では，$6x$はどんな形になりますか？

S　$6x$は，長方形になりそうかな。

S　xがわからないので，長方形か正方形に決まらないと思います。

T　どういうことですか？

S　x^2を考えたときに，いろいろな値の正方形が考えられたので，例えば，xが6なら6×6の正方形になります。でも，xが5なら長方形になります。

T　なるほど，xの長さによって$6x$の形は違うのですね。では，実際に，$6x$を表してもらおうと思います。

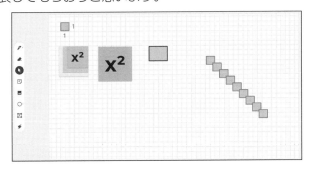

　二次元コードを使って Google Jamboard の図を生徒の端末に読み取らせます。5mm 方眼のノートをイメージさせて，2マスで1になることを確認します。xについては，最初に確認したようにいろいろな長さがあるので，本時についてはオレンジの付箋の正方形を扱うことを伝えます。その後，

水色の図形を使って $6x$ をつくらせます。

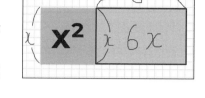

S1　$6x$ の6は横にとれたんだけど，x
　　　はどうすればいいのかな。

S2　オレンジの面積が x^2 だから，一辺
　　　の長さは x になるのではないかな。

S1　そういうことか。それなら縦が x，横が6の長方形（上の図）ができ
　　　るね。

S2　縦が6で，横が x でもいいね。

②式と面積図から正方形をつくる

　Google Jamboard で x^2，$6x$，9を使って，$6x$ が表せたところで，組
み合わせるとどんな形になるかを考えさせます。生徒は，因数分解の式が
$(x+3)^2$ から「正方形になりそうだな」と予想します。

S　正方形になると思ったけれど，全然な
　　らない…。3つ余って，x のところに
　　つけても，ピッタリ来ないです（右の
　　図）。

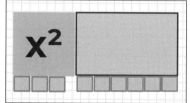

T　形も長方形に近いですね。式で考えて
　　みようと思うのですが，x^2，$6x$，9を合わせているので，x^2+6x+
　　9を因数分解すると，どうなりますか？

S　$(x+3)^2$ になります。

T　そうですね。頭の中でやっていると思う
　　のですが，途中式を入れるとするとどん
　　な式になりますか？

S　平方公式を使っているので $x^2+2×3$
　　$×x+3^2$ から因数分解ができています。

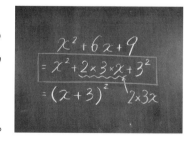

T　この途中式を面積図に表せないですかね？

S　$6x$ ではなくて，$3x$ が２つという風に考えたらどうだろう？

T　どういうことですか？

S　$6x$ を $3x$ に分けてもいいですか？　そうすれば，x のところを合わせて，３×３で９がピッタリになります（次：左の図）。

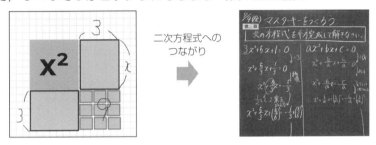

二次方程式への
つながり

　本時の学習は，「x の項を半分に分けて組み合わせることで正方形ができる」ということを見いだしました。この学習内容は，因数分解だけで終わるのではなく，二次方程式の平方完成や解の公式をつくるときにつながっていきます。端末を利用して，自分で見いだしたことが後の学習にも役立っているということが生徒の数学への有用感につながるはずです。

　また，単元を通して面積図を使う場面を設定するときに，この時間に限らず端末を利用していくことで，最終的には生徒が問題を作成することができるようになっていきます。

（浅賀）

〈引用・参考文献〉
・清水宏幸（2011）『数学言語を使いこなせ！「文字式」に強くなる!!』明治図書

3年

26 どんな条件に設定すれば成り立つ?

問題

【1時間目】
　連続する2つの偶数の積に1をたした数はどんな数になるでしょうか。
【2時間目】
　「連続する2つの奇数の積に1をたした数は，連続する2つの奇数の間の数の2乗になる」ことがいつでも成り立つことを説明しましょう。

1人1台端末活用のポイント

　2時間の授業について，それぞれの目標は「連続する2つの偶数の積に1を加えた数がどんな数になるのか予想し，それがいつでも成り立つことを説明することができる」「①前時で学習した命題の条件を変更した命題がいつでも成り立つことを説明することができる。②命題がいつでも成り立つことについての説明から読み取ったことを基にして，その一般的な命題『ある数 s とそれと $2t$ 離れた数の積に t^2 をたすと，ある数 s とそれと $2t$ 離れた数の間の数の2乗になる』がいつでも成り立つことに気付くことができる」です。

　2時間目では，1時間目の学習を終えた後，解決の過程や結果を振り返って統合的・発展的に考察する過程として，命題の条件を変更させたときについて説明する活動を位置付けます。この際に端末を活用し，命題同士のつながりや，どんな新しい命題をつくり出せそうか考えるように促します。

授業展開例

【1時間目】
①統合的・発展的に考察する

　1時間目では，命題「連続する2つの偶数の積に1をたした数は，連続する2つの偶数の間の数の2乗になる」ことについての説明を確認しました。その後，はじめに予想した事柄を説明するためには，説明のどの部分を変えればよいのか考え合いました。最後に，「次に何を考えますか？」と問うたところ，次のような対話が生まれました。

T　　次に何を考えますか？

S1　「〜は，」のところの「連続する」を「連続しない」に変えたらどうかな？

S2　いやそれはうまくいかない。例えば，

　　　$2 \times 6 + 1 = 13$

　　　$4 \times 8 + 1 = 33$

　　　$4 \times 10 + 1 = 41$

　　とか奇数にはなるけど，連続しない2つの偶数の間の数の2乗にはならない。

S3　「〜は，」のところの「偶数」を「奇数」に変えたらどうかな？

S4　　$1 \times 3 + 1 = 4 = 2^2$

　　　$3 \times 5 + 1 = 16 = 4^2$

　　　$7 \times 9 + 1 = 64 = 8^2$

　　で連続する2つの奇数の間の数の2乗になりそう。

T　　では，次回は「連続する2つの奇数の積に1をたした数は，連続する2つの奇数の間の数の2乗になる」ことはいつでも成り立つのかどうか考えましょう。

【2時間目】
②さらに統合的・発展的に考察する

　2時間目は，1時間目の学習内容を生かして進んでいきました。命題「連続する2つの奇数の積に1をたした数は，連続する2つの奇数の間の数の2乗になる」ことについての説明を確認した上で，次の順に，命題の条件を変えたときに，命題がいつでも成り立つことをどのように説明すればよいのか考えるように促しました。

連続する2つの偶数の積に1をたすと，
連続する偶数の間の数の2乗になる。

↓

連続する2つの奇数の積に1をたすと，
連続する奇数の間の数の2乗になる。

↓

ある整数とそれと2離れた整数の積に1をたすと，
ある整数とそれと2離れた整数の間の数の2乗になる。

↓

ある整数とそれと　①　離れた整数の積に　②　をたすと，
ある整数とそれと　①　離れた整数の間の数の2乗になる。

↓

?

　すると，　①　と　②　は，どんな条件に設定すれば命題が成り立つのか考え合い，そこから，「ある数 s とそれと $2t$ 離れた数の積に t^2 をたすと，ある数 s とそれと $2t$ 離れた数の間の数の2乗になる」という，はじめの問題場面と新しく見いだしたものとを，数直線や面積図を基にして，統合的に捉える姿が見られました。

次の記述からは，「4離れた整数の間に4をたすと」「8離れた整数の間に16をたすと」など様々な数値について考える様子や，図に表して数の間隔に着目する様子がうかがえます。

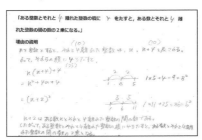

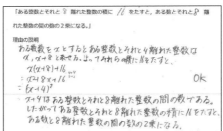

また，面積図で考える様子などがうかがえました。

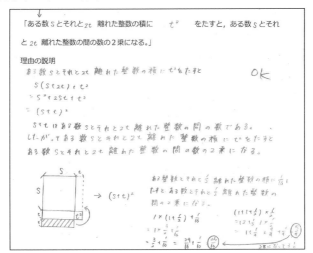

（赤本）

27　速算方法はどんな仕組みになっている？

問題

【1時間目】

```
        35    見つけた速算方法
      ×35      一の位の数が5で十の位の数が同じ2桁の数の乗
      ────    法では，下2桁は一の位の5の積で25，3桁目以上
      1225    は（十の位の数）×（十の位の数＋1）になる。
    ┌──┐ ┌──┐
    3×(3+1) 5×5
```

なぜこの方法で計算ができるのでしょうか。

【2時間目】

　一の位の数が5ではなく十の位の数が同じ2桁の数の乗法でも，同じ方法（下2桁は一の位の数の積で，3桁目以上は（十の位の数）×（十の位の数＋1）になる）で計算できる数の組合せはあるでしょうか。

1人1台端末活用のポイント

　2時間の授業について，目標はそれぞれ「一の位の数が5で十の位の数が同じ2桁の数の乗法の速算方法（下2桁が一の位の数同士の積25，3桁目以上が一の位の数とそれに1をたした数の積）の仕組みについて，数や文字式を用いて説明することができる」「①前時で学習した速算が可能な数の範囲を広げ，その一般的条件『一の位の数の和が10』を文字式から論理的に導く

ことができる。②文字式から事象の仕組みが読み取れることや読み取った仕組みを基にして，新たな速算をつくることができる」です。

目標達成に向けて，解決の過程を共有する場面で，協働での意見整理として１人１台端末を活用します。端末にクラウドサービスを活用して複数の考えを映すことにより，互いの考えを視覚的に共有することができ，問題解決に向けた考えの比較・検討を円滑に進めることができます。

授業展開例

【１時間目】

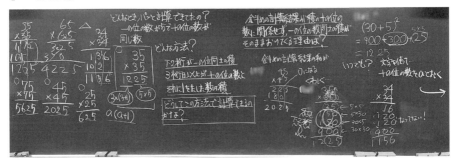

①速算の仕組みを探究する

指導目標は速算の仕組みの理解ですので，「34×34の筆算では，斜めの計算結果が，34×34の答えの十の位の数に関係しているのに，なぜ２桁の自然数で一の位が５の数の平方では，斜めの計算結果が答えの十の位の数に関係しないで，一の位同士の積がそのまま下りてくるのかな？」と問いかけて，仕組みの探究に焦点化しました。

その後，個人思考の時間を設定し，自分なりの考えを書いた生徒から記述内容を端末で共有させました。そして，目標達成に向けて次の記述内容を教師が抽出し，学級全体で左上，右上，左下の順に検討していきました。

左上は斜めの計算結果がよく見える
ようにするために筆算を詳しく書き表
して観察する考え，右上は数字の式
35^2 を $(30＋5)^2$ として展開した式
を観察する考え，左下は文字式 $(10a$
$＋5)^2$ を展開した式を観察する考え
です。

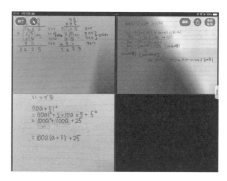

　それぞれの考えを検討する際に，筆
算の斜めの計算結果はどこに表れているのか問いかけ，考えの共通点を引き
出し，斜めの計算結果の和の下 2 桁が 0 であることや文字式の $100a$ が重要
であることを浮き彫りにしていきました。

【2時間目】

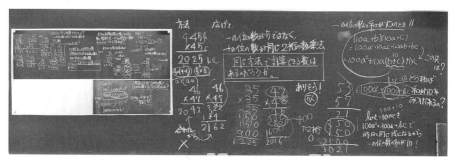

②速算が可能な数の範囲を広げる

　同じ方法で計算することが
できない例を示し，見つけた
い数の組合せは，一の位の数
が同じ平方数でなくてもよい
ことを確認し，問題の把握を
促しました。

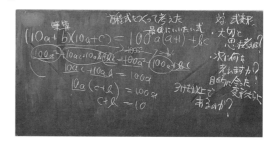

そして，個人思考の時間を設定し，自分なりの考えを書けた生徒から，次のような記述内容を端末で共有させました。すると，全体共有する場面では，以下のような対話の様子が見られました。

①

```
    2 ④
    2 ⑥
  ─────
  1 4²4
  4 8
  ─────
  6 2 4
```

②

$$(10a + b)(10a + c) = 100a(a + 1) + bc$$
$$100a^2 + 10ab + 10ac + bc = 100a^2 + 100a + bc$$
$$10ab + 10ac = 100a$$
$$10a(b + c) = 100a$$
$$b + c = 100$$

S1　（①について）いろんな筆算を試してみたら，一の位の数の和が10のとき，同じ方法で計算できた。

S2　（②について）文字式で考えると，前の時間では$100a$ができることがポイントだったけど，今回は$10a(b + c)$になっているから，ここを$100a$にするためには，$b + c$が10になればいいから，一の位の数の和が10のとき，同じ方法で計算できた。

S3　（端末の共有画面でS4さんの考えを見て）S4さんの考えはまだ出ていない。すごい考えな気がする。説明してほしい。

　このように端末に複数の考えを映すことにより，視覚的に共有することで学びを深めていく生徒の姿を引き出すことができました。

（赤本）

〈引用・参考文献〉
・小岩大（2020）「生徒の文字式利用の様相に関する一考察―速算の探究に焦点を当てて―」日本数学教育学会誌，102(7)，pp.2-13

28 平方根の大小を比べるにはどうすればいい?

問題

> √5と3ではどちらの方が大きいでしょうか。

1人1台端末活用のポイント

　本時の目標は,「平方根の大小関係を判断する方法を見いだすことができる」「平方根の大小関係を,不等号を使って表すことができる」の2点です。これらの目標の達成に向けて,授業の終末で問題づくりを位置付けます。

　問題解決過程で,単元で登場する大切な考え方が登場するように働きかけた上で,各自のペースで教材を発展させながら学習を進めさせることで,平方根の大小関係について豊かに学ぶ姿を引き出せます。

授業展開例

①平方根の大小を比べる方法を見いだす

　負の数の学習をしたときの流れの話をしながら，同じ流れで学習していることを押さえつつ，問題を提示して個人思考に入りました。集団思考では，近似値で比べる，２乗して比べる，正方形の一辺の長さで比べる，根号を使って表した数にして比べる，数直線上に表して比べる考えを取り上げ，どの考えも「そろえて比べる」ことが共通していることを確認しました。

　振り返りでは，教科書と学習内容を紐付けし，平方根の大小はどのように比べればよいのかまとめました。そして，まとめたことを使って練習させました。

T　ここまでを振り返ってみると，平方根の大小はどのように比べればよかったのかな？

S　（「近似値で比べた」「両方とも２乗して正方形の面積とみて比べた」「両方とも√をつけて比べた」「数直線に表して比べた」など）

T　はじめは，√5と3のままだったら比べられないってなったけど，共通してどうすればよかったっていえそう？

S　そろえればよかった。

S　どういうこと？

S　具体的な値，２乗した値，√をつけた値，数直線上の値って，何かにそろえたってことだよ。

T　何かを比べるときには，そろえて考えることが大切なんですね。

②平方根の大小を比べる問題をつくる

> 　教科書 p.54 問7を発展させた問題を，次ページからの様式を使って，学級全体の力が付くように，あなたなりに工夫してつくりなさい（ロイロノート・スクールに提出する際には，１ページ目に問題，２ページ目に解答・解説として提出する。問題のページに赤字でどんな工夫をしたのかを書く）。

教科書の問題で練習をした後，授業内容を振り返りながら，問題づくりに取り組ませました。このような問題づくりの活動は，問題の数を変えるだけで，授業前半で発見した知識・技能が「どんなときに使えるのか」ということの理解にもつながります。問題づくりでは例えば，次のような生徒の考えを引き出すことができました。

①

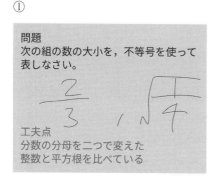

②

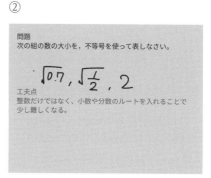

　①では，根号の中の数を分数，②では，数を２つではなく３つにし，さらには根号の中の数を小数にしたときに，どのように比べればよいのかと発展させて考える姿が見られました。ここで大切なことは，問題のページに赤字でどんな工夫をしたのか書かせるようにすることです（①は工夫点の「整数と平方根」は「根号がついていない数と根号がついた数」に修正を促しました）。

　この工夫点を，投稿された順に学級全体に聞こえる声で伝えるようにし，発展させた内容の価値に気付かせることをねらいます。右のようなＳ１がつくった問題について，教師の働きかけをきっかけにして，生徒同士の対話が生まれました。

問題
次の組の数の大小を，不等号を使って表しなさい。

$-\sqrt{27}, \sqrt{27}, 2.7, -27$

工夫点
符号が違うものを混ぜて分かりにくくした。数字をあえて全て同じにした。

T　こんな問題をS１さんがつくったよ。ちょっとみんなで考えてみようか。

S２　$-27<-\sqrt{27}<2.7<\sqrt{27}$だ。

T　S２さん，この問題の工夫点についてどう思ったかな？

S２　うまいなって思った。

S１　何が？

S２　S１さんが書いたように，数字をそろえているところもなんだけど，2.7みたいに小数も含めているところとか，４つの数にして２つずつ正負の数にしているところがうまいって思った。

S１　あんまり気にしてなかったけど，そういうところもよかったのか。

T　皆さん，S１さんとS２さんのお話，私は素晴らしいと思います。S１さんは，S２さんの話を聴いて，自分では気付かない自分の工夫のよさに気付いていました。このように，気付いたお互いのよさを伝え合える関係っていいですね。

この対話を学級全体で共有した後の問題づくりでは，投稿された問題を解き合い，お互いのよさを伝え合う生徒の姿が見られました。

このように，問題づくりに取り組ませた際に，教師はアンテナを張り巡らせて，生徒がどのように発展させて，なぜそのように考えているのかをキャッチすることが大切です。そして，学級全体に生徒がつくった問題のよさを共有し，より多くの生徒の成長につなげられるようにします。

（赤本）

29 どのように計算するといい?

問題

$\sqrt{32} + \dfrac{6}{\sqrt{2}}$ はどのように計算するとよいでしょうか。

1人1台端末活用のポイント

本時の目標は、「分母の有理化を含む平方根の加法や減法の計算の方法を理解することができる」です。本時は、単元16時間構成の第10時です。これまで右の指導計画の一部に示すように、平方根の乗法・除法、加法・減法について学習しています。本時の問題を解決した後に、第5〜10時で学習した計算を振り返り、定着を図るための練習問題を提示しました。

ここでは、自らの学習を調整しようとする力を高めることを意図して、練習問題の結果

第5時	ア) $\sqrt{6} \times \sqrt{6}$、イ) $\sqrt{5} \times \sqrt{7}$　どちらの積が大きいだろうか。
第6時	$\sqrt{8} \times \sqrt{48}$はどのように計算するとよいだろうか。
第7時	$\sqrt{54} + \sqrt{12}$はどのように計算するとよいだろうか。
第8時	$\sqrt{2} + \sqrt{8} = \sqrt{10}$と計算してよいだろうか。
第9時	$\sqrt{8} + \sqrt{32}$はどのように計算するとよいだろうか。

を振り返らせて「計算を進める上で気を付けたこと」「間違ってしまった理由」などの視点について Google フォームに入力させました。また、生徒の記述をいくつか提示して、多様な考えに触れる機会を設定しました。このように生徒の考えを瞬時に共有することができるのは、ICT を活用するよさです。

授業展開例

①問題を提示する

　前時に学習した平方根の加法・減法の計算の過程を振り返りながら，本時の問題を提示していきます。

T　　$\sqrt{18}-\sqrt{50}$は計算できるかな？
S 1　できる簡単だ！　$a\sqrt{b}$ に変形すればできる！
S 2　$3\sqrt{2}-5\sqrt{2}=-2\sqrt{2}$ になるね。
T　　では，この問題（本時の問題を提示）はできるかな？
S 1　できそう！　$\sqrt{32}$は $a\sqrt{b}$ に変形すればいいね！
S 3　$\dfrac{6}{\sqrt{2}}$ は分母を有理化することで計算できると思います。

　このように，生徒とのやり取りを通して，教師が既習内容の振り返りだけでなく，本時の見通しを自然な文脈で行うことが大切です。

②個人思考や集団思考を繰り返す

　問題を提示した後，数分の個人思考に取り組ませます。その後，計算の過程について生徒に説明させていきます。特に分母の有理化の行い方については丁寧に扱いながら，「$4\sqrt{2}+3\sqrt{2}=7\sqrt{2}$」と計算できることを学級全体で確認していきます。

　また，確認問題として「$\sqrt{27}-\dfrac{2}{\sqrt{3}}$」を提示します。再び個人思考に取り組ませると，「$3\sqrt{3}-\dfrac{2\sqrt{3}}{3}$）」と変形したところで手が止まっている生徒が見られます。そこで，このような生徒のつまずきに丁寧に対応するために，途中までの式を取り上げて集団思考に移行していきます。

T　　（$3\sqrt{3}-\dfrac{2\sqrt{3}}{3}$を板書して）この式の意味がわかりますか？
S 4　$\sqrt{27}$を $a\sqrt{b}$ に変形して，後ろの分数の項を有理化した式です。

T　ここで困っている人がいるようですよ。この式は答えかな？

S5　いいえ違います。通分すればまだ計算できると思います。

S6　$\frac{9\sqrt{3}}{3}-\frac{2\sqrt{3}}{3}$と通分することができます。

T　理解できたかな？　困っている人はいませんか？

S7　√がごちゃごちゃしていて，よくわからないなぁ。

S6　$3\sqrt{3}-\frac{2}{3}\sqrt{3}$と式を見たらわかりやすいと思う。$3a-\frac{2}{3}a$と同じ考えだよ。

S7　なるほど，わかった！　S6さんありがとう。

③練習問題で定着を図る

　生徒の説明された言葉を基に，「分母を有理化する」「通分する場合もある」などと計算のポイントをまとめ，教科書の練習問題に取り組ませて定着を図ります。この場面で，平方根の四則計算が一通り終了します。そこで，計算の定着を図ることを意図して，右に示す練習問題を提示して取り組ませます。また，問題の式はきちんとノートに書くことを指導しておきます。

(1)	$\sqrt{3}\times\sqrt{12}$
(2)	$\sqrt{24}\div\sqrt{3}$
(3)	$\sqrt{5}\times\sqrt{32}\div\sqrt{20}$
(4)	$2\sqrt{3}+5\sqrt{3}$
(5)	$\sqrt{50}-\sqrt{18}$
(6)	$\sqrt{45}+\sqrt{12}-\sqrt{75}$
(7)	$\sqrt{2}+\sqrt{32}-\frac{6}{\sqrt{2}}$

　生徒の取組の状況を把握し，5分程度の時間を取ります。解答を板書して自己採点に取り組ませた後，「平方根の計算を進める上で，正確に計算するために『気を付ける』『意識する』ポイントを書きましょう」というテーマを設定し，練習問題の結果を振り返って Google フォームに入力させます。これは自らの学習を調整しようとする力を高めることを意図しており，各単元で適宜2～3回を継続して行うとよいでしょう。教師は Google

> 平方根の計算を進める上で，正確に計算するために「気をつける」「意識する」ポイントを *
> 書きましょう。
>
> 記述式テキスト（長文回答）

スプレッドシートで生徒が入力した記述を把握し，具体的な記述ができているものをいくつかピックアップして，生徒にフィードバックします。以下3

つの回答例を紹介します。

　平方根の問題でミスをしやすい部分は，有理化するときや $a\sqrt{b}$ に変形する
ときだと思います。分母に√を残したまま答えてしまったり，$a\sqrt{b}$ に変形でき
るのに変形しないまま答えてしまったりすることがケアレスミスにつながると
思います。よって，問題を解くときは，【因数分解】で共通因数を探したとき
のように，【平方根】では平方数はないか探すことが正確な計算をすることに
つながると思います。後は，たくさん平方根の問題を解いて経験を重ねて$\sqrt{8}$
が出てきたら $2\sqrt{2}$，$\sqrt{12}$ は $2\sqrt{3}$ というようにパッと見ただけで $a\sqrt{b}$ の形に
直すことができるようになったり，有理化も同じようにスムーズにできるよう
になることが，素早く計算することにもつながると思いました。

　$\sqrt{75}$ を $5\sqrt{5}$ という風に間違って直してしまうのを，授業でも同じミスをした
のにテストでもしてしまったので，学習する中で間違いがあって直したのであ
ったら似たような問題が出てきたとき，その問題をより注意して解かなければ
ならないと思いました。また，$a\sqrt{b}$ の形に直した問題なのであれば見直しの際
に$\sqrt{◎}$の形に直すとよいと思いました。

　$3\sqrt{5}-3\sqrt{3}$ のように，必ずしも一つの数になるわけではないことに気を付
ける（一つにならないと，いつも満足できないので…）。乗法と除法が混じっ
た計算だと，どことどこを割って，どことどこをかければよいのかわからなく
なるので，必ず途中計算を書くようにする。また，$a\sqrt{b}-a\sqrt{c}$ などの場合，
ルートの中の数字が違うのか，同じなのかをよく見て，計算できるかできない
かを慌てずに冷静に判断することを意識する。

　授業の最後に，仲間の記述から学んだことを発表させます。1つ目や2つ
目から，「$a\sqrt{b}$ への変形の重要性」「方程式の検算のように$\sqrt{a}$ に直すこと」
や，3つ目のように「根号に含まれる数に着目すること」など，計算の理解
を深めることができると考えられます。 （菅原）

30　よりよい解き方を見つけよう!

問題

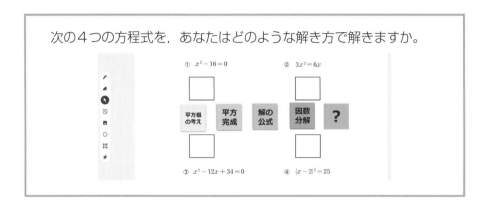

次の４つの方程式を，あなたはどのような解き方で解きますか。

① $x^2 - 16 = 0$　　② $3x^2 = 6x$

平方根の考え　平方完成　解の公式　因数分解　？

③ $x^2 - 12x + 34 = 0$　　④ $(x-2)^2 = 25$

１人１台端末活用のポイント

　本時の目標は，「他者の考えた解き方で二次方程式を解く活動を通して，二次方程式の解き方に着目して，生徒自身のよりよい解き方を判断することができる」です。前時までに，平方根の解き方・平方完成・解の公式・因数分解の４つの二次方程式の解き方を学習しています。解き方のパターンが多く，単元を通して解き方のよさに触れていく必要があります。

　数学を苦手とする生徒にとっては，１時間の授業の中で学んだ解き方は真似をしながら何とか解くことができますが，テストをしてみると手が止まるという姿を見かけることがあります。このような生徒には，自分で解き方を判断することとともに，自分が理解できている解き方，苦手な解き方はないかを振り返る必要があります。

本時は，Google Jamboard を用いて自分の解き方を選択式で判断し，自分の解き方を他者が評価します。「友達は違う解き方をいうけれど，自分はその解き方ができないな」という内省により自分を振り返り，二次方程式に応じて自分にとってよりよい解き方が判断するということを身に付けていきます。

授業展開例

①解き方を判断する

　問題を提示し，Google Jamboard を使って解き方を判断させます。シートは，次のように4枚準備し，4人グループの1人に1枚のシートを割り振ります。

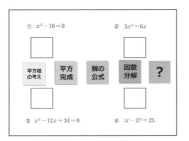
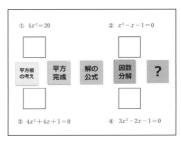
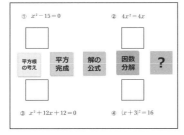
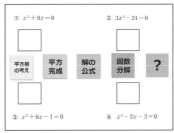

　解き方を判断した後，グループの人が考えたシートを見て，解き方の付箋を基に解いていきます。「平方根の解き方」「平方完成」「解の公式」「因数分解」の解き方の付箋は，それぞれ4枚目あり，すべて同じ解き方，例えば，「解の公式」だけを選ぶこともできるようにしておきます。

また，「？」の付箋を1枚だけ準備し，わからないときに使うことができるようにしておきます。問題については，間違いが多いものや平方完成の方が早くできるものも入れておくと解き方を判断するよさにつながります。

②解き方の判断を話し合う

　グループの他の生徒が解き方を判断したシートを1枚解き終えた段階で，グループで解き方について話し合う場面を設定します。このとき，「？」があるシートから話し合うように促し，他の解き方の話につなげていきます。

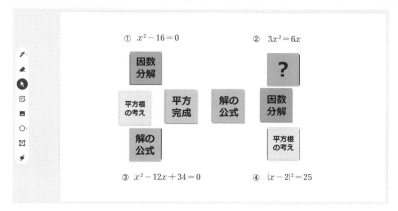

　次のグループのやり取りは，S1が判断した上のシートをS2が解いて，S3を含めた3人のグループで話をしているところです。

S1　そもそも②って，どうやってやるの？　両辺を$3x$で割って，$x=2$でいいの？

S2　xで割ってはいけないって，先生がいっていたよ。共通因数にするのではないかな？

S1　どういうこと？

S3　①と同じような形にすればいいんだよ。$6x$を左辺に移項して，$3x^2-6x=0$の形にして，共通因数の$3x$を取り出せばいいんだよ。

S1　なるほど，$3x(x-2)=0$だから，$x=0$，2だね。

S2　でも，この解き方は４つの解き方のうち，どれになるのだろう？

S3　積の形になっているから，因数分解だと思うよ。

S2　本当だ。ノートだと因数分解の解き方のところで，出てきているね。この４問を解いたのだけれど，①と④は，自分も同じ考えで解くかな。でも，③を解の公式で解くと，ルートの中がぐちゃぐちゃになってしまったよ。

S1　③は，他の解き方あるの？

S2　平方完成でも解けるよ。

S1　平方完成って，苦手だよ。どうやってやるの？

S2　x の係数を２で割って，かっこの２乗をつくるでしょ，そこから x の係数の２乗をひけばいいんだよ。

S1　ちょっと待って，こういう（右のスライド）こと？

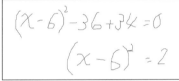

S3　そうそう，かっこの２乗の形ができれば，後は平方根の考え方で解ける。でも，私は，③は解の公式で解くかな。

S1　私と同じだね。

　練習問題をする時間の前に，このような１時間を設定します。ただ闇雲に問題を解くのではなく，解くときの見通しや自分の解き方の課題を生徒自身がわかって解くことで，次回の練習問題を解くときの自分の課題や，目標を設定できるようにしていきます。

　また，自分が解きやすいと感じた解き方であっても，他者にとっては必ずしもそうではないということにも触れていきたいものです。

（浅賀）

31 ブランコのひもは，どのように求めたらいい？

問題

　　世界一のブランコのひもの長さは何mで
しょうか？

1人1台端末活用のポイント

　本時の目標は，「ブランコが往復する時間とブランコの長さの関係を2乗
に比例する関数とみなすことで，世界一のブランコの長さを求めることがで
きる」です。1人1台端末がなかった頃は，振り子の実験を教室で行い，そ
のデータからグラフをかかせ，関数とみなすという流れで授業を実践してい
ました。多くの生徒は実験が好きで喜んで行いますが，実験が大きな時間を
占めてしまい，関数とみなすことは授業の後半の少しの時間となっていまし
た。1人1台端末を用いた授業では，実験はペアで自由に長さの変えられる
モデルを準備することで，実験とグラフを作成する時間を短縮することがで

きます。その短縮した時間を，関数とみなすことの判断の時間に使います。また，端末にあるグラフを関数とみなすために，生徒が作成するグラフ上に今まで学習してきた関数を選択できるようにすることで，どの関数とみなすことができるのか判断する一助としています。

実験に重点

関数とみなすことに重点

授業展開例

①問題を把握する

右の二次元コードの動画を生徒に提示する際に，次のやり取りを生徒と行いました。

T 先日，SNSに「世界一のブランコ」という動画がアップされていてね。この動画なんだけど，画面を見てくれる？

S1 長い！ そして，遅い!!

T そう感じたのですね。かなりの高さがあるのだけど，世界一のブランコっていったいどのくらいなのだろう？

S1 世界一だから，50mぐらいあるのでは？

S2 いくら何でも，そこまではないと思うけど…。

T では，今日はこの問題を数学で解決してもらおうと思います。このブランコのひもの長さは，何がわかれば求めることができるかな？

S 1　ブランコの動いた長さがわか
　　　れば求められそう。

S 2　ブランコの動いた角度がわか
　　　れば求められそうかな。

S 3　ブランコが往復する時間がわ
　　　かれば，ブランコの長さがわかると思うよ。

T　　なるほど。今日は最初に見せた動画しかないのだけれど，3つ出た意
　　　見のうち動画からわかるものはあるかな？

S 1　それなら往復する時間は，測ればすぐにわかりそうだよ。

T　　では，往復の時間とブランコの長さの関係から，ブランコの長さを求
　　　めていきましょう。

②ペアで実験をして，グラフを作成し，関数を判断する

　　実験をして解決するということを共有し，右の二次元コード
を提示して，モデル化したブランコからデータを取らせます。
表でまとめる生徒の意見「表だけではわかりにくい」から，グ
ラフの作成につなげます。

　　このとき，往復の時間を x，ブランコの長さを y
とすると2乗に比例する関数になりますが，逆にブ
ランコの長さを決めて時間を測ることも考えられま
す。

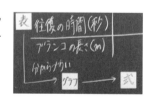

　　グラフを二度つくるのは困難なため，右の二次元コードから
グラフの作成につなげます。

S 1　表からグラフができたけど，これは直線っぽいような，曲線になりそ
　　　うな…。

S 3　私たちのは，曲線になっているよ。

T　　どうして，曲線になると考えたのですか？

S3　ブランコの長さが長い実験をしたときのグラフの点をとったら，明らかに直線にならないからです。

T　往復の時間とブランコの長さが，いくつになりましたか？

S3　4.5秒のとき，5mでした。

T　なるほど，直線にならないという意見が出てきましたね。

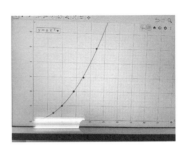

　ここで，グラフの左上の［関数］というところから，今まで学習した関数のどれに当てはまるのかを確認させて，「2乗に比例する関数になりそうだ」を共有し，式を求めさせることにつなげます。

　最後の場面では，最初の動画から往復にかかる時間を生徒に測らせ，求めた式に代入することで，ブランコの長さを求め，問題の解決につなげました。問題の写真や動画にある「世界一大ブランコ」は，大分県

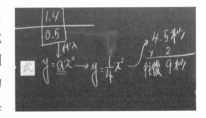

竹田市にあるものです。過去に3回作り直されていて，動画は2022年5月に撮影したもので高さがおよそ30mです。ひもの長さを求めているため，出てきた答えが30mより少ない値であれば，おおよそ求められていることを伝えます。自分たちの考え方で求められたことがわかるようにします。

　本時の評価問題として，身近な場所のブランコについて考えさせることで学習内容が定着しているかを見ることも考えられます。　　　　　　　（浅賀）

〈引用・参考文献〉
・GeoGebra（振り子　作成者：浅賀亮史）
　https://www.geogebra.org/m/wqyvsga3
・GeoGebra（グラフ作成　作成者：浅賀亮史）
　https://www.geogebra.org/m/ytdbuftu
・新田正幸・山本剛（2021）『『主体的・対話的で深い学び』の視点からの授業改善』第103回全国算数・数学教育研究（埼玉）大会発表資料

32 写真が撮られるのは何秒後?

問題

あるジェットコースターは斜面を下り始めて,1秒後に頂上から3m地点,2秒後に頂上から12m地点,3秒後に頂上から27m地点にいます。このジェットコースターでは,頂上から75m地点で写真が撮られます。

このジェットコースターは,斜面を下り始めて何秒後に頂上から75m地点にいるでしょうか。

1人1台端末活用のポイント

本時の目標「ジェットコースターの時間と距離の関係を関数 $y = ax^2$ とみなし,特定の地点に到達する時間を予測することができる」の達成に向けて,NHK動画教材「アクティブ10 マスと! 関数 $y = ax^2$」を取り扱います。大型提示装置で,動画を部分的に提示することで,生徒の興味・関心を喚起するとともに,考えることを焦点化することができます。

さらに,学習進度に応じて学習が進められるように,自席で端末によりヒントとなる動画をそれぞれのペースに合わせて視聴させることで,個別最適な学びの充実をねらうことができます。

授業展開例

①どうすれば求められるのかという問いを見いだす

T （大型共有モニタで番組０分から２分11秒までを一斉視聴させた上で）かいくんは，何を知りたいのかな？

S１ 写真撮影のタイミング。

S２ ジェットコースターの速さ。

S３ ジェットコースターのコースの斜面の傾き具合。

T こういうことが知りたいと予想できたけど，どうなのかな？　動画の続きを見ましょう。（大型共有モニタで番組２分11秒から３分54秒までを一斉視聴させた上で）かいくんは好きな子の前ではかっこよく写真に写りたいということです。得られた情報はこういう情報でしたね。

T （scene 03の「かいくんの悩み」の画像を提示して）この情報からこのジェットコースターは，斜面を下り始めて何秒後に頂上から75m地点にいるか求められるかな？

S なんとなく，求められそうな気がする。

S 下り始めて何秒後に頂上から75m地点にいるのかは，どのように求めればよいのかな？

T では，少し時間を取りますね。自分なりに考えてみましょう。

②解決の過程を共有して，新たな問いについて考える

（生徒，個人思考Ⅰ）

T 少し考えてみたけど，困っているって人いますか？

（10名ほど挙手）

T では，困っている人は動画の３分54秒から５分05秒までを見て，動画のヒントを基に考えてみましょう。

（生徒，個人思考Ⅱ）

このように自席で端末を使い動画を視聴し，適宜動画を止めたり戻したりしながら，学習を進めるように働きかけました。すると，困っていた生徒は，動画の場面のヒントを基にして学習を進める様子が見られました。

　そして，個人思考Ⅱの後，解決過程を全体で共有しました。

S4　表をつくって数値を見たら，yはx^2に比例するということが経験的にわかった。

S5　どういうこと？

> 表をつくって数値をみたら，yはx^2に比例するということが経験的にわかったよ。

S4　（板書して）yはx^2に比例するかどうか確かめるために，グラフをかいた。グラフが放物線っぽくなったから，やっぱりyはx^2に比例するとみなしてよいって思った。

　さらに，問題解決後に，動画の8分54秒から9分59秒までを見せて，ジェットコースターの下りの平均速度がわかっているとき，かいくんは何秒間我慢すればよいのか考えることを促していきました。このように，これまでに学習してきた経験を生かして新たな問いにチャレンジする文脈をつくることが大切と考えます。なお，本時の最終板書は次ページの通りです。

　最後に，テレビ番組を活用する教育活動について，期待されていることとNHK動画教材を扱う際の授業づくりのポイントを押さえます。

　NHK 動画教材のようなテレビ番組は，ちょっとした問題に直面する生徒の日常を扱い，数学的な活動を具現化するような構成となっているので，授業における効果的な番組の利用方法を模索することができると考えられます．適切な授業構成とすることで，数学と社会との関連についての理解を深められるようにし，数学で学んだことを身の回りの出来事などに生かしたくなるように促すこともできると考えます．

　そして，NHK 動画教材を扱う際の授業づくりのポイントは，次の2点と考えます．

① 　動画を途中で止めて，何が問題なのか，条件は何かを問いかけ，問題発見を促す．

② 　授業の目標達成に迫る内容に話し合う内容を焦点化する．

　①は，より多くの生徒が問題発見・解決に取り組めるようにするために，すべての生徒が問題に深く関われるように促す指導の工夫です．②は，授業の目標達成に迫れるよう生徒同士の話合いを促進するために，話し合う内容を授業の目標達成に迫る内容に焦点化する工夫です．

（赤本）

〈引用・参考文献〉
・水谷尚人（2021）「テレビ番組を活用した数学教育の可能性―NHK　E テレ『アクティブ10 マスと！』の活用に焦点を当てて―」日本数学教育学会誌，103(5)，pp.31-35

33　複合図に潜む相似な三角形を見つけよう!

問題

　右の図のような△ABC があり，BC//
DE となる点D，E を辺 AB，AC 上にと
ります。点 D を通り，DF//AC となる点
F を辺 BC 上にとります。また，辺 AF と
辺 DE の交点を G とします。このとき，
相似な三角形の組はどれですか。

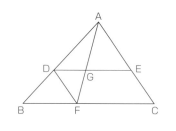

1人1台端末活用のポイント

　本時の目標は，「基本の証明を基に同様に証明できるものを判断し，新た
に解決しなければならないものを見いだし，証明することができる」です。

前時は，右のような
基本の図形を証明し，
辺 DE を動かして証
明がいつでも成り立
つかを確認していま

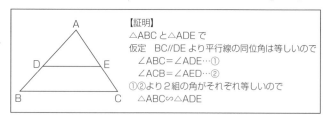

す。本時は，複合図の中から相似になる三角形を見つけ出します。1人1台
端末がなかった頃は，相似な三角形を見つけて共有することに時間を使って
いましたが，端末を用いた授業では，相似な三角形を共有した後，解決すべ
き問題の焦点化を図るところに時間を割くことができます。前時と本時を結

び付け，あぶりだされた証明すべき図形について証明していきます。

授業展開例

①問題を把握する

この授業では，まず前時の基本となる三角形の相似の証明を復習します。

T　前回の授業でどんなことをしたか覚えていますか？

S　前回は，証明をしました。三角形の
　　相似の証明です。

T　そうでしたね。三角形の相似の証明
　　をしました。辺 DE を動かして，書
　　いた証明を読んでみましたね。

S　思い出しました。アポロ型と砂時計
　　型の証明をしました。

T　そうでしたね。実際に証明は，角が
　　等しい理由が変わっていましたね。では，今日はさらにレベルを上げて，
　　相似な三角形を見つけてもらおうと思います。

前時では，辺 DE を動かすことで 2 つの図形の証明を扱い，授業を実施した学級で 2 つの図形のネーミングをしておくと振り返りがスムーズにいき，本時の問題を解決するときにも生徒が分類する手がかりになります。

②相似な三角形を分類整理する

本時の問題を提示し，生徒が個人で考える時間を設定します。そのときに Google Jamboard を活用することで，ペアや 4 人グループで共有する際に，グループの意見を集約しやすくします。各グループの生徒の会話や反応から，次のような生徒のやり取りを取り上げるようにします。必要に応じて，教師

がそのときに「なぜ？」を問いかけることで，証明すべき図形をあぶりだしていきます。

S1　△AGEと△AFCは相似
　　になるね。

S2　私もその組見つけたよ。

T　　この2つの三角形は，なぜ
　　相似になるのですか？

S2　それは…，前回証明したの
　　に似ているけど…。

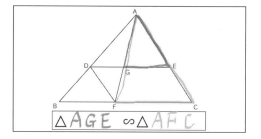

S1　相似になるのを簡単にいうと，前回のアポロ型と同じように証明できるので相似になります。

S2　確かに，アポロ型と同じです。

T　　なるほど，アポロ型になるので相似になりますね。他にもアポロ型になる三角形の組はありますか？

S2　これもアポロ型ではないかな。△ABFと△ADGも同じです。

S1　それなら△BCAと△BFDもアポロ型だね。

T　　アポロ型はだいぶ見つけら
　　れたけど，前時の砂時計型
　　もあるのかな。

S2　これかな。△AGEと△
　　FGDは砂時計型で相似に
　　なります。

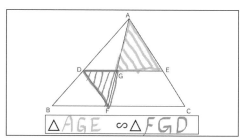

S1　本当だ。砂時計型もあるのだね。他にも砂時計型あるのかな。

　ペアやグループでの会話を全体で共有し，分類整理をしていきます。ここでは，前時に扱ったアポロ型や砂時計型を根拠として相似な三角形を分類し，次の証明すべき図形へつなげていきます。

③証明すべき図形をあぶりだす

　分類した後で，相似になりそうな三角形の組で，アポロ型と砂時計型ではない三角形の組を取り上げていきます。

T 　前時のアポロ型と砂時計型と同じように証明をすれば，相似が証明できるという三角形が多いですね。では，アポロ型と砂時計型では解決できなさそうな三角形の組はありますか？

S 　まだ出ていないものは，△ADEと△DBFかな。

T 　これは，相似になりそうですか？

S 　証明してみればわかりますが，なると思います。

S 　△AFCと△FGDも，アポロ型でも砂時計型でもないので，証明が必要だと思います。

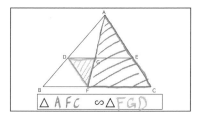

　ここでは，△AFCと△FGDに絞って証明させます。また，三角形の相似を組み合わせることで，相似を証明することもできます。例えば，△ABC∽△ADEと△ABC∽△DBFから△ADE∽△DBFをいうことができます。相似の証明をした後，このような考え方にも触れることで，証明を書くことではなく論理的に考えていくことが目的であることを確認していきます。3年の証明では，証明を書くことに終始してしまいがちですが，自分の書いた証明を読んだり，書いた証明の図形を変えたりすることで考え方を深めていくことができます。相似な三角形を見つけるだけではなく，統合して考えるためには時間が必要ですが，その時間を生み出すために端末の利用が有効となります。

（浅賀）

〈引用・参考文献〉
・田中俊光・時乗順一郎・岡本昭彦ほか（2019）「数学指導ハンドブック第7集」山口県中学校数学教育会

34　どの部分が変わる,変わらない?

問題

> 　右の図は，円の内部に点Pをとり，Pを通る2つの直線を引いたものです。
>
> 　この図で，円と直線の交点同士を結ぶとき，相似な三角形の組はどれでしょうか。

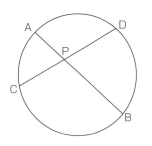

1人1台端末活用のポイント

　本時の目標は「円の内部に点Pをとり，Pを通る2つの直線を引き，円と直線の交点同士を結ぶときに，相似な三角形の組はどれなのか，円周角の定理を利用して証明することができる」「点Pを円の外部に動かしたときにも，原問題で証明した事柄が成り立つのかどうかの証明について，条件を変える前の証明から変わる部分や変わらない部分があることに気付くことができる」の2点です。

　目標達成に向けて1人1台端末を活用し，条件に合った図や証明の方針，証明を読んで気付いたことを共有する場面や，問題解決の過程を振り返り，評価・改善する場面を設定することが考えられます。

授業展開例

①観察を通して，問題を見いだす

　問題の条件に当てはまるようにかいた生徒それぞれの図を共有します。それらを観察し合うことによって，どのようにかいても，おそらく△APDと△CPBは相似になるのではないかと問題を発見することにつなげていきました。

②解決の過程を振り返る

T　これからかく図の条件を黒板にかきます。どんな図なのかイメージしながら，ノートにもかいてください。（板書をしながら）「円の内部に点Pをとり，Pを通る2つの直線を引き，円と直線の交点同士を結ぶとき」とします。この条件を満たす図をノートにかき，端末で共有してください。

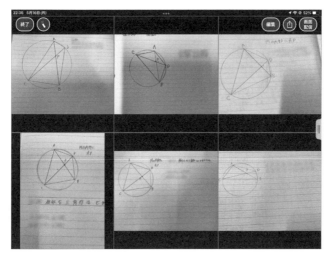

T　（上の写真のようにロイロノート・スクールで共有して）この図の中に何か性質はありそうかな？

S　どの図でも四角形とか三角形とかができている。

S　角度の大きさが等しい角がある。

T　この図の中にある三角形同士には，何か関係はありそうかな？

S　おそらく，△APDと△CPBは相似。

S　△APCと△DPBも相似っぽい。

T　△APDと△CPBっていつでも相似っていえそう？

S　証明してみないと，いつでも相似かどうかはいえない。

S　どうやって証明するの？

T　では，まずは△APDと△CPBはいつでも相似といえるのかどうかは，どのように証明すればよいのかを考えましょう（命題の続きを板書）。

③ざっくりとした証明の方針を共有し，問題解決に向けた見通しをもつ

　どのように証明できそうか，図の中に証明に使いそうなことを書き込ませて，端末で共有しました。

S　円周角の定理を使って，角度が等しいことをいえばいいんだ。

S　どれでも証明できそう。

S　相似条件は，2組の角がそれぞれ等しいだ。

T　みんなから出てきたことをヒントに，証明を書いてみよう。

④命題の条件を変更したときに証明が変わる部分を考え合う

　点Pが円の外部に動いたときに，原問題の解決過程で学級全体で認めた証明を変える必要があるのかどうかを端末に送った板書の写真に書き込んで共有するように促しました。すると，次ページの写真のような考えを見て解決過程を振り返りながら，対話をする生徒の姿が引き出されました。

S1 さっきの証明をちょっと変えるだけでいいと思う。

S2 どういうこと？

S1 対頂角は等しいので，っていっていたところを，共通な角だからにすればいいんだよ。

S2 他の部分は変えなくても証明できている。

　最後に，方べきの定理について伝えた上で，端末に送った板書の写真に「この授業でどこの部分が自分自身のポイントだと思ったのか」書き込ませて共有しました。すると，右のような考えなどが共有されました。これらを踏まえて，「これからの学びでも証明すると

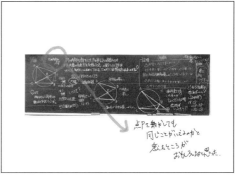

きには，条件からわかることを図に書き込む」「条件を変えて発展的に考える」など大切にしてほしいことを伝えて本時を終えました。

（赤本）

35 地図上で富士山が見える範囲はどうなる?

問題

　(歌川広重の浮世絵「冨士三十六景　伊勢二見か浦」を提示して) 二見浦から富士山が見えたかどうかは，どのようにすれば調べられるでしょうか。

1人1台端末活用のポイント

　授業の目標は「地球を球とみなしたり，視界を遮るものがないとしたりするなど事象を理想化したり単純化したりすることで場面を図形として捉えることができる」「円の外の1点から接線を引くと，その点から接点までの長さはどのように求めることができるか，三平方の定理や円の接線の性質などを基にして解決することができる」の2点です。

　目標達成に向けて，問題解決の方法を考える場面で，協働での意見整理として端末を活用します。1人1台端末を用いてグループ内の考えをまとめた上で，学級全体で説明し合う活動をすることにより，複数の互いの考えを視覚的に共有することができます。また，解決過程を振り返り，得られた結果を活用する場面で，表現・制作のために端末を活用します。個別に調べたことを保存・共有することにより，考えの妥当性について活発な意見交流を促すことができます。

授業展開例

【1時間目】
①解決過程をまとめたものを共有する

　富士山が見える範囲について求める場面で，地球を球とみなしたり，視界を遮るものがないとしたりするなど事象を理想化したり単純化したりすることで，この場面を図形として捉えるように促しました。そして，問題解決の方法をグループごとに，事前に用意しておいた Google Jamboard のスライドにまとめるようにしました。

　すると，次のような考えが共有されて，お互いのグループの考えを見合いながら話し合う姿が生まれました。

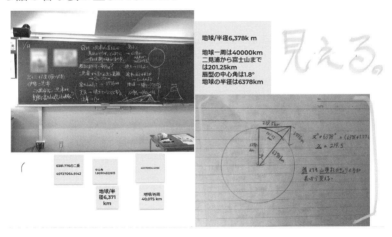

【2時間目】
②解決過程を振り返り，得られた結果を活用する

　1時間目に共有した考えについて生徒同士で伝え合った上で，どのように求めればよいのかまとめていきました。

　そして，解決過程を振り返り，得られた結果を活用すると，地図上で富士山が見える範囲はどうなるのか，Google Earth の画像をロイロノート・ス

クールで編集する活動を位置付けました。

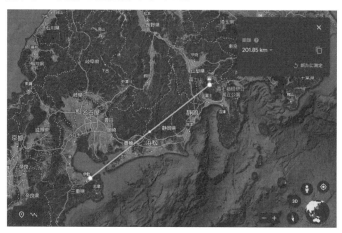

T　二見浦から富士山が見えたかどうかは，数学の力を使うと見えたのでは
　　ないかという結論となりましたが，地図上で富士山が見える範囲はどん
　　な風に表せるのかな？

S　円形に表せると思う。

T　Google Earth の画像をロイロノート・スクールで編集して，共有しま
　　しょう。

S　220㎞は地図上だったら
　　このくらいの長さだから，
　　半径を決めて円をかけば
　　いい。

T　皆さんが知っている山で
　　も同じように山が見える
　　範囲について調べられる
　　のかな？

S　できるはず。雌阿寒岳だ
　　ったらどうなのかな？

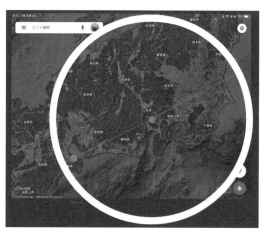

T 雌阿寒岳が見える範囲を地図上に表しましょう。

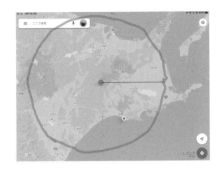 

S エベレストって，世界一高い山だよね。何mだっけ？

S インターネットで調べたら，8848mくらいだって。

S エベレストが見える範囲はどのくらいなのかな？

　このように，端末を活用して自ら進んで様々な山についても調べる姿が生まれました。

（赤本）

36 母集団の傾向は推測しやすくなる？

問題

標本調査では，標本の大きさが大きければ大きいほどに，母集団の傾向を推測しやすくなるのでしょうか。

1人1台端末活用のポイント

本時の目標は「無作為抽出による標本調査において，標本の大きさが大きい方が，標本平均の分布のばらつきが小さくなり，母平均に近づいていく傾向があることに気付くことができる」です。

目標達成に向けて，問題解決過程における標本の大きさごとの標本平均のデータ収集を分担し，Google スプレッドシートを活用して同時並行で行わせます。また，得られたデータの分布のばらつきを箱ひげ図や度数分布多角形を用いて表し，標本の大きさが大きい方が，それが小さくなる傾向があることに気付けるように働きかけます。

授業展開例

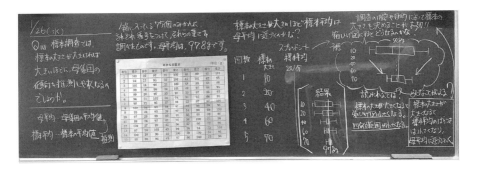

①問題解決のために，データを収集する

　問題を提示し，「母平均」「標本平均」の用語を教えた上で，問題解決のために5つの標本の大きさを設定するとしたら，どんな大きさにすればよいのか問いかけ，学級全体で決めました（板書の学級は，10，20，40，60，70）。そして，教科書教材を使って調べるように促しました。教育出版「まなびリンク」を活用することにより，スムーズにデータを収集することができました。

みかんの重さ　　　　　　（単位：g）

番号	重さ	番号	重さ	番号	重さ	番号	重さ	番号	重さ
1	101	16	97	31	102	46	99	61	101
2	94	17	96	32	101	47	101	62	95
3	101	18	96	33	100	48	98	63	98
4	99	19	98	34	101	49	97	64	95
5	99	20	97	35	97	50	97	65	95
6	96	21	102	36	94	51	97	66	95
7	98	22	95	37	98	52	98	67	101
8	100	23	93	38	97	53	98	68	96
9	95	24	95	39	97	54	99	69	100
10	97	25	99	40	98	55	98	70	99
11	99	26	97	41	95	56	100	71	96
12	100	27	99	42	96	57	96	72	96
13	97	28	102	43	99	58	94	73	103
14	100	29	96	44	100	59	100	74	95
15	98	30	96	45	97	60	100	75	96

回数	標本の大きさ	標本の平均値
1回目		
2回目		
3回目		
4回目		
5回目		

データを ☐ 個 抽出する

抽出実行

リセット

収集したデータは，右のようにあらかじめ準備しておいた Google スプレッドシートなどに打ち込むようにすることで，

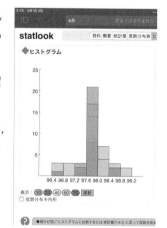

スムーズにデータ分析をすることにつなげることができました。

②箱ひげ図やヒストグラムを作成し，データについて分析する

　収集したデータから，標本調査では，標本の大きさが大きければ大きいほどに，母集団の傾向を推測しやすくなるのかどうかを調べるためには，何を使って整理すればよいか問いかけると，箱ひげ図やヒストグラムという声があがりました。そこで，枡元新一郎先生による統計ソフト statlook を用いて箱ひげ図やヒストグラムを作成するように促しました。

　statlook を用いて作成した箱ひげ図やヒストグラムについての分析をロイロノート・スクールで共有すると，次のような考えについて対話が生まれました。

T　ロイロノート・スクールで友達がどんな風に分析しているのか見て，気付いたことや考えたことをノートに書きましょう。S1さん，どんなことをノートに書いたのか紹介してください。

S1　ヒストグラムをつくっている人がいたけど，ヒストグラムだと色が混ざって見にくいので，度数分布多角形の方がいいと思った。

T　S2さんは，箱ひげ図や度数分布多角形にいろいろと書き込んでいますね。どのように考えたのか紹介してください。

S2 （大型提示装置を指し示しながら）度数分布多角形を見ると，標本の
大きさが大きくなるにつれて範囲が小さくなり，山が高くなっている
ので，標本平均は母平均に近づいているといえる。そして，箱ひげ図
を見ると，標本の大きさが大きくなるにつれて，箱が小さくなってい
て四分位範囲が小さくなっているってことだから，標本平均は母平均
に近づいているといえる。

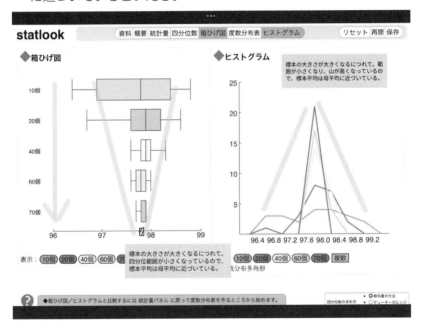

　最後に分析したことをまとめ，調査の内容や目的によって標本の大きさを
決めることが大切であることを確認しました。

（赤本）

〈引用・参考文献〉
・坂井裕・小谷元子ほか（2021）『中学数学3』教育出版
・教育出版まなびリンク「中学数学　3年　標本の平均値」
　https://www.kyoiku-shuppan.co.jp/docs/sugaku/interactive/3/228_sample_mean/
　3-M-7.html

おわりに

　2020年から新型コロナウイルス感染拡大により，研修会や研究大会が相次いで中止となり，学びの機会の場が減ってしまいました。一方で，Zoomなどを用いたオンラインによるネットワークが急速に普及し始めたことにより，場所，距離といった物理的な弊害が取り除かれ，これまでは難しかった地域間の交流が各地で始まりました。

　釧路算数・数学教育研究会（※１）を母体とした北海道釧路市の数学の先生方とやまぐち算数数学教育研究会（※２）を母体とした山口県の数学の先生方がつながり，2020年８月に「第１回釧路・山口　数学教育オンライン学習会」を実施しました。お互いの地区から「知識及び技能を身に付ける授業」の実践発表を行い，協議をしました。本学習会の第４回目からは，旭川市の数学の先生方も加わり，「釧路・山口・旭川数学教育オンライン学習会」として，2022年８月の第８回では，はじめて授業動画による授業検討会を行うなど内容をブラッシュアップし，全国各地の先生方の授業改善に役立つ取組を模索しています。

　この３地区では，SNSなどのネットワークを活用しながら日常的に交流を深め，コロナ禍を理由として「できないから何もしない」ではなく，「できることは何か」を模索してきました。特に１人１台端末が導入され，まず，「できることは何か」から実践を積み重ねた中で，本書では「端末を使うことが目的ではなく，生徒の資質・能力を育成するために活用する」を合言葉に検討してきました。

　具体的な実践事例として，１年「正負の数」から３年「標本調査」の１単元１つ以上の事例を紹介しています。これらは，端末を活用した授業を通して，生徒とのやり取りをする中で，生徒の反応や取組の様子を鑑みて効果が

得られたと判断した事例になります。端末を活用することを通して，多くの生徒の資質・能力がよりよく育成されることに寄与できれば幸いです。実践事例につきましては，まだまだ不十分なところもありますので，本書をきっかけにして，「端末のより効果的な活用方法」を考えていただければと思います。

　本書を書き始めたときには，コロナ禍により3地区の先生方と会うことなど想像できませんでした。学習会の授業動画撮影をきっかけに，実際に対面で打ち合わせをしたときの喜びは今でも忘れられません。オンラインよりも対面がよいということは常々感じているところです。
　世の中の状況が目まぐるしく変化する中において，本書が，読者の皆様が端末を有効に活用することを考えるきっかけになれば幸いです。
　最後に，この3地区のつながりをつくっていただいた山口県教育庁義務教育課の大田誠先生には，心から感謝申し上げます。また，本書を企画，編集していただき，このような機会を与えてくださった明治図書の赤木恭平様にこの場をお借りして感謝申し上げます。

※1　2000年に全道（釧路）大会に向けて発足した釧路の数学教育勉強会は，現在「『問題解決の授業』の日常化」に向けて研鑽を積み重ねています。
※2　2005年1月に発足し，月1回の定例会を中心に2022年12月現在216回の勉強会を実施しています。

2023年1月

赤本　純基

浅賀　亮史

菅原　　大

【著者紹介】

赤本　純基（あかもと　じゅんき）
北海道教育大学附属釧路義務教育学校後期課程

浅賀　亮史（あさか　りょうじ）
山口大学教育学部附属山口中学校

菅原　　大（すがわら　だい）
北海道教育大学附属旭川中学校

中学校数学サポートBOOKS
1人1台端末に生きる
中学校数学授業の「問題」

2023年2月初版第1刷刊	©著者	赤　本　純　基
		浅　賀　亮　史
		菅　原　　　大
	発行者	藤　原　光　政
	発行所	明治図書出版株式会社

http://www.meijitosho.co.jp
（企画・校正）赤木恭平
〒114-0023　東京都北区滝野川7-46-1
振替00160-5-151318　電話03(5907)6701
ご注文窓口　電話03(5907)6668

＊検印省略

組版所　藤 原 印 刷 株 式 会 社

本書の無断コピーは、著作権・出版権にふれます。ご注意ください。

Printed in Japan　　　　　ISBN978-4-18-351724-1
もれなくクーポンがもらえる！読者アンケートはこちらから →